JN120996

洒落と諷刺の世界

嫌なこと ニヤッと笑って吹き飛ばそう

主催　ボクコクボ（僕小久保）

後援　豊橋後援（公園）、岩田運動後援（公園）

協力　葦毛失言（湿原）

ごあいさつ

八十路に突入したとたん、体調をこわしたこともあって、お迎えが来る前に何か記念になるものを残したいと考えました。

中学の頃から、柳亭痴楽（落語家）師匠が大好きで、「痴楽お笑いつづり方」を覚えて人前でご披露しておりました。

そのうち、「自分で作ってみよう」とはじめたものが、かなりの数になりました。

今回これを一冊の本にいたしました。

どこからでも結構ですので、気軽に見ていただき、ニヤッとしていただけたら幸いです。

2021年秋

小久保　継

作者プロフィール

名前	小久保（こくぼ）　継（つぐる）（戸籍 繼）
生年月日	昭和15年7月15日（1940年紀元2600年）
干支	辰（地を這うのがやっと。浮いたうわさもなし。）
職業	家事手伝い（家に板前）
星座	蟹座（前進は無理）
血液	B型（検査結果…ガタ型）
性格	今や育児（意気地）なし

もくじ

新聞投稿

各新聞の投稿欄で採用された作品。

グッと縮めた洒落と風刺です。

ペンネームは、作品に合わせて毎回変えています。

東海日日新聞…… のんほい横町
毎日新聞………… ふんすい塔
読売新聞………… USO放送
朝日新聞………… かたえくぼ

平成20年3月1日

のんほい横丁

衝突事故
〝暴走〟半島じゃないよ！　―房総半島
イージス艦どの
（豊橋・某A省）

野島崎（千葉県南房総市）沖で海上自衛隊所属のイージス艦と漁船が衝突する海難事故が発生しました。

平成20年4月25日

のんほい横丁

聖火出発地返上
〝仏〟ないから　―善光寺
門前払い
（豊橋・五輪ピック）

平成20年6月15日

のんほい横丁

スピード社水着
ユニフォームにしたら？　―国民
お役所仕事どの
（豊橋・睡眠グ）

英国スピード社製水着を着用しての世界新記録続出が話題に。お役所仕事も、もう少しスピードアップして欲しいものです。

平成20年10月21日

のんほい横丁

株価暴落
〝凍死〟家です…　―投資家
（豊橋・株式被害者）

平成21年1月11日

のんほい横丁

新年早早
〝モー〟〝牛〟ろないです　―麻生首相
　―朝青龍
（豊橋・ヤジウマ）

横綱・朝青龍が2場所連続休場して本場所を迎え、成績次第では進退が問われる事態になっていました。

平成21年2月24日

のんほい横丁

現代日本
政治―不信
経済―不況
雇用―不安
（豊橋・憂識者）

平成21年3月17日

のんほい横丁

海自艦名前
弱そうだナ
―ソマリア沖海賊
「さみだれ」「さざなみ」どの
（豊橋・染まり屋）

平成21年4月23日

のんほい横丁

GW近づく
子―ディズニー
行きたい！
親―出ずに―居たい…
（豊橋・子連れ御上）

平成21年5月4日

のんほい横丁

新車に大幅減税
〝エコ〟ひいきです
―政府
（豊橋・マーイーカ）

平成21年5月26日

のんほい横丁

3大関が8勝7敗
下には下が…
―クンロク大関
（豊橋・肩すかし）

ひと場所の成績が9勝6敗止まりで、勝ち星が2桁とならない力士はクンロクと言って揶揄されてしまうものですが…。

平成21年7月16日

のんほい横丁

違い
市政―変える
姿勢―変えない
―河村名古屋市長
（豊橋・なごやか君）

平成21年8月26日

のんほい横丁

やり投げで銅メダル
投げないで
よかった！
―村上選手
（豊橋・やりっぱなし）

村上幸史選手は、ケガ・手術を乗り越えて競技を続投し、第12回世界選手権で銅メダルを獲得しました。

平成21年12月19日

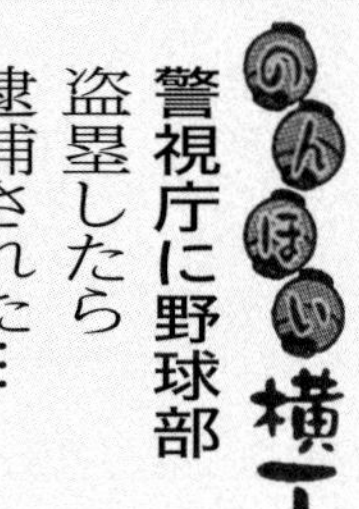
のんほい横丁

警視庁に野球部
盗塁したら
逮捕された…
―対戦チーム選手
（豊橋・ストライク）

平成21年9月25日

のんほい横丁

違い
虫の声―秋の夜長
虫の息―自民党
（豊橋・一寸の虫）

選挙で自民党が大敗し、虫の声と違って風情のない首相退任劇となりました。

平成22年4月2日

のんほい横丁

大関昇進
頑〝把瑠都〟いい
ことある証明です
―相撲協会
日本人力士各位
（豊橋・相撲不安）

平成22年3月22日

のんほい横丁

禁輸否決
「有」が「無」に
ならなくてよかった
―鮪
（豊橋・漢検2級）

平成22年9月3日

のんほい横丁

日本の家族
子ども―頼りなし
年寄り―便りなし
（豊橋・欠く家族）

平成22年5月17日

のんほい横丁

参院選出馬へ
お手〝やわら〟かに…
―谷亮子選手
（豊橋・苦労帯び）

平成22年11月9日

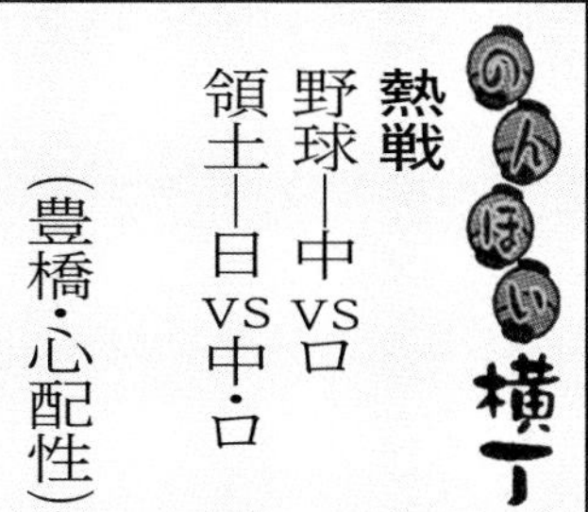
のんほい横丁

熱戦
野球—中vsロ
領土—日vs中・ロ
（豊橋・心配性）

平成22年9月28日

のんほい横丁

10月から値上げ
すいません！　—禁煙組
すみません…　—たばこ屋
（豊橋・私スワン）

平成23年1月18日

のんほい横丁

ゴタゴタ
N—何か
H—変な
K—会長人事
（豊橋・憂識者）

平成22年11月25日

のんほい横丁

再仕分け
大臣もやってもらわ
ないと　—国民
（豊橋・幽国の士）

平成23年3月2日

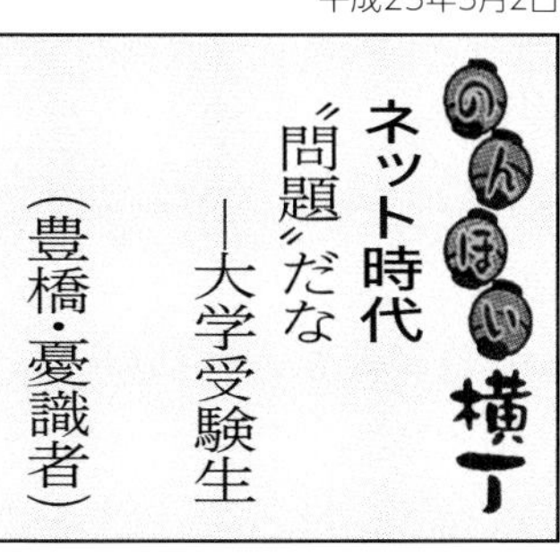
のんほい横丁

ネット時代
〝問題〟だな　—大学受験生
（豊橋・憂識者）

大学入学試験問題の一部が試験実施の最中にインターネット上の掲示板に投稿され、第三者がそれに回答していたことが発覚した事件。

平成23年1月20日

のんほい横丁

新幹線混乱
カンシンセン！　—利用者
（豊橋・憂識者）

平成23年4月17日

のんほい横丁

「技量審査場所」
永田町でも開催の
ご検討を
—国民
（豊橋・憂識者）

平成23年5月19日

のんほい横丁

計画的
避難—福島原発
地域住民
非難—民主党反主流派
（豊橋・憂識者）

平成23年7月9日

のんほい横丁

土日出勤木金休日
昔は月月火水木
金金だったよ
—戦前派
（豊橋・憂識者）

自動車業界が夏場の節電対策として発表しました。懐かしの軍歌も今は昔…。

平成23年8月14日

のんほい横丁

ニックネーム
「民主党」だって
—夏休み宿題白紙の子
（豊橋・憂識者）

代表選出馬について「全くの白紙」と言っていた民主党・前原氏。結局野田氏が選出されました。

平成23年8月24日

のんほい横丁

民主党代表選乱立
「もメルトダウン」ですよ
—福島原発
支持率どの
（豊橋・憂識者）

平成23年9月29日

のんほい横丁

光より60ナノ秒速い
そんなにすごい
こと〝ナノ〟？
—国民
ニュートリノどの
（豊橋・憂識者）

平成23年11月3日

のんほい横丁

ゴタゴタ

ピンボケ会社だな
　　　—国民
オリンパス(株)どの
(豊橋・憂識者)

平成23年11月16日

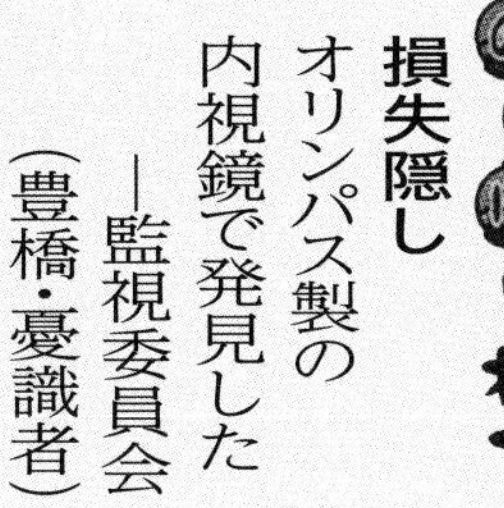

のんほい横丁

損失隠し

オリンパス製の
内視鏡で発見した
　　—監視委員会
(豊橋・憂識者)

平成23年11月27日

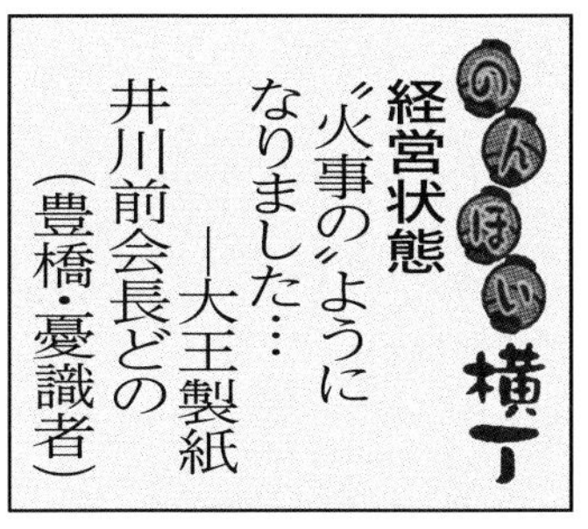

のんほい横丁

経営状態

〝火事の〟ように
なりました…
　　—大王製紙
井川前会長どの
(豊橋・憂識者)

大王製紙の創業家経営者が、カジノの賭け金のために100億円を超える横領をした事件。

平成23年12月14日

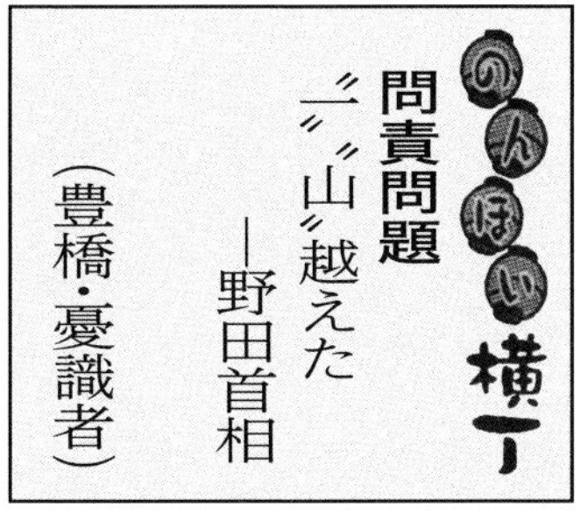

のんほい横丁

問責問題

〝二〟〝山〟越えた
　　—野田首相
(豊橋・憂識者)

民主党・小沢一郎氏、鳩山由紀夫氏をめぐる「政治とカネ」の問題が下火になった時の投稿です。

平成24年1月12日

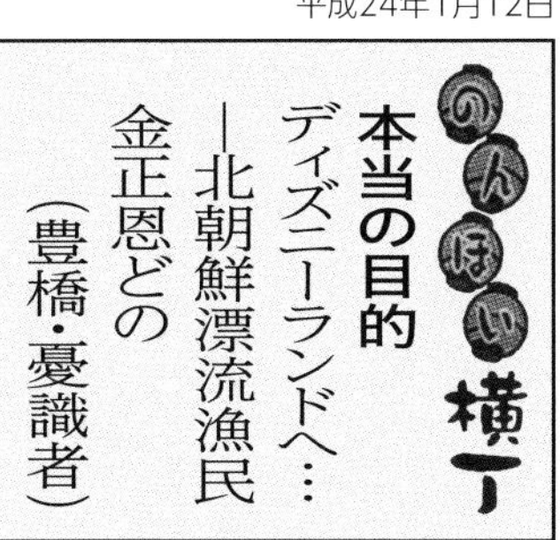

のんほい横丁

本当の目的

ディズニーランドへ…
—北朝鮮漂流漁民
金正恩どの
(豊橋・憂識者)

平成24年1月30日

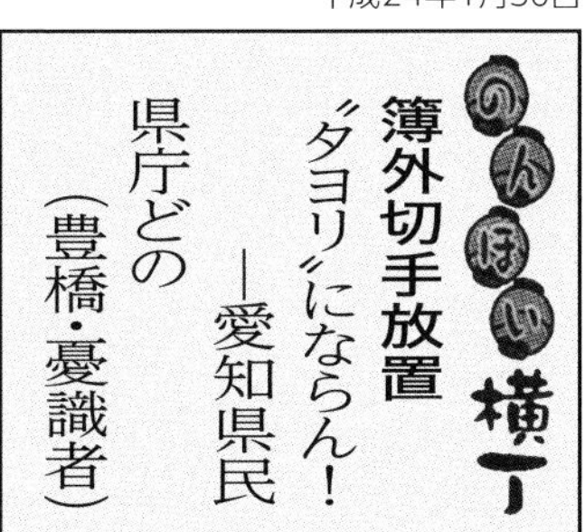

のんほい横丁

簿外切手放置

〝タヨリ〟にならん!
　　—愛知県民
県庁どの
(豊橋・憂識者)

愛知県庁内の倉庫で、帳簿に記載されていない郵便切手とはがき約1300万円分が見つかりました。

平成24年2月12日

のんほい横丁

経営難
芝居では
ありません…
—御園座
（豊橋・憂識者）

平成24年2月5日

のんほい横丁

外交辞令
〝愛知〟てるよ
—大村知事
〝名古屋〟かにね
—河村市長
（豊橋・憂識者）

平成24年4月18日

のんほい横丁

出荷停止
〝シイタケ〟られ
ている…
—生産者
（豊橋・憂識者）

平成24年3月1日

のんほい横丁

虚偽の運用報告書
A—悪質
I—違法
J—辞表出せ
—国民
（豊橋・憂識者）

投資顧問会社AIJによる年金資産消失事件、消えた年金は1000億円超…。

平成24年5月29日

のんほい横丁

スカイツリー人気
高みの見物です
—東京タワー
（豊橋・憂識者）

平成24年5月6日

のんほい横丁

やっぱり定位置
これがDNAか…
—DeNA選手
（豊橋・憂識者）

平成24年8月18日

のんほい横丁

仲
〝尾張〟…
—大村知事
—河村市長
(豊橋・憂識者)

平成24年10月21日

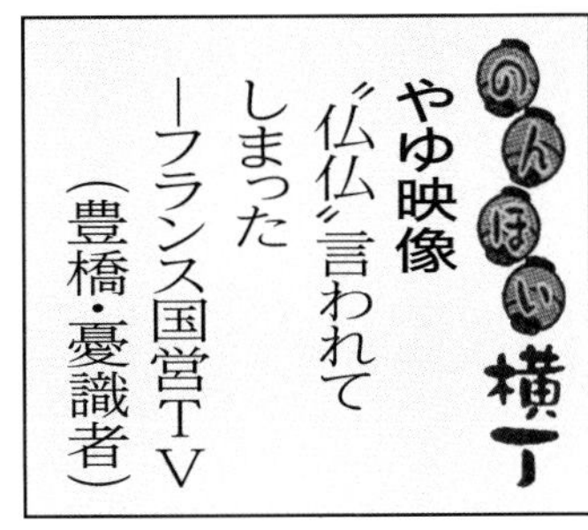

仏国営放送の司会者が、サッカー日仏親善試合で好セーブを連発したキーパー・川島選手を合成写真で揶揄したことを謝罪しました。

平成24年12月19日

のんほい横丁

惨敗
〝負報〟が届いた
—民主党本部
(豊橋・憂識者)

平成25年7月12日

のんほい横丁

中国の監視船
〝感心せん!〟とも
言う
—日本政府
(豊橋・憂識者)

平成25年9月11日

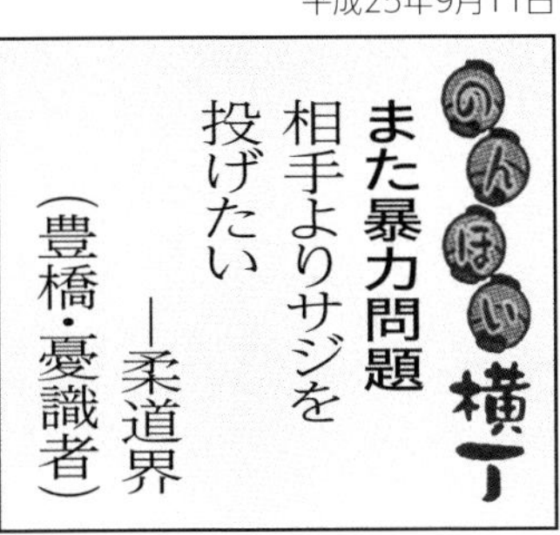

平成25年9月18日

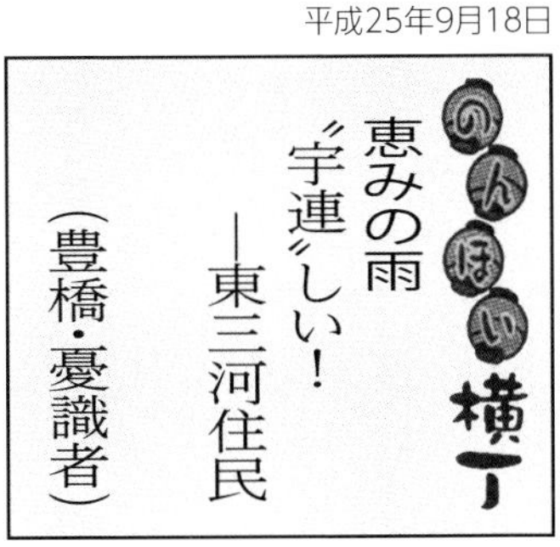

渇水した東三河の水がめ・宇連ダムを見に訪れる人たちが増え、ちょっとした観光スポットのようになったとか…。

平成15年4月25日

ふんすい塔

復興
イラ苦からイ楽にするんだ
―イラク国民
(豊橋・チクワの友)

平成14年3月27日

ふんすい塔

ンがないナー
ジ民の　ジ民による
ジ民のための政治
―ジン民
(豊橋・リンカーン)

平成15年10月22日

ふんすい塔

似たり寄ったり
だからマネフェスト?
―国民
(豊橋・サル)

選挙で候補者が掲げる具体的公約がマニフェストですが、発音しにくいなぁ…

平成15年9月8日

ふんすい塔

青山霊園
ハカバかしくなかった
―抽選漏れ
(豊橋・ボチボチ)

都立霊園は年1回の公募で、抽選倍率が20〜50倍に達することも珍しくなく、死ぬに死ねないそうだ。

平成16年3月22日

ふんすい塔

不正経理疑惑
ウソは警察の恥まり!
―泥棒
(豊橋・狂育者)

警察の不正経理をめぐる問題が相次いで発覚。取り締まる側の不祥事…恥を知って欲しいものです。

平成15年12月29日

ふんすい塔

書き入れ時
寝ん末、寝ん始だ!
―神社・仏閣
(豊橋・髪毛出)

平成16年4月15日

ふんすい塔

国技館
両国って日本と
モンゴルのこと?
―修学旅行生
(豊橋・肩スカシ)

平成16年8月30日

ふんすい塔

スカウト裏金
第一幕第一場かも
―外野席
(豊橋・野球不安)

当時明治大学野球部の一場選手に対し、複数球団が現金を渡していた事件。長年暗黙の了解だった有力選手への金銭授受が、これをきっかけに見直されました。

平成17年1月14日

ふんすい塔

いかがですか?
佐渡OKさ
―ジェンキンスさん
(豊橋・住みよい会)

平成17年4月23日

ふんすい塔

学力低下
優取り教育だったのか
―国民
(豊橋・狂育者)

平成18年5月30日

ふんすい塔

カビな化粧は
したくないわ
―高松塚飛鳥美人
文化庁担当者様
(豊橋・特別C席)

雨水の浸入やカビの発生による壁画の劣化問題で、文化庁の保存管理意識・体制のマズさが露呈しました。

平成18年6月18日

ふんすい塔

派閥「宴」歌!
森と小泉に囲まれて…
―康・三
(豊橋・ブルー斜塔)

康・三とは、福田康夫・安倍晋三のこと。「ブルー・シャトウ」はよく替え歌にされる懐メロです。

平成18年8月9日

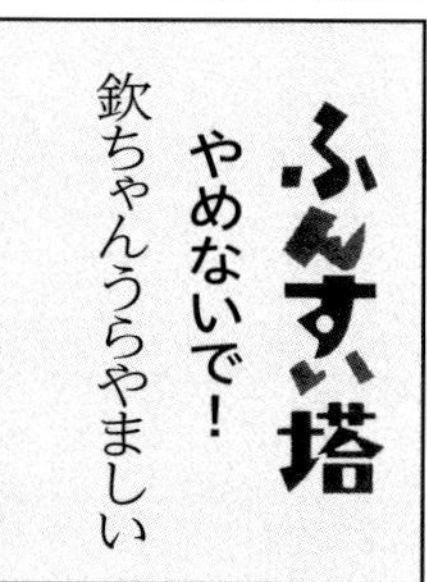

ふんすい塔

やめないで!

欽ちゃんうらやましい

—小泉首相

(豊橋・応援団)

「茨城ゴールデンゴールズ」の解散発表を受け、「やめないで!」とファンから多くの声が寄せられ、欽ちゃんはチーム存続を決意。首相退任の小泉さんの心境に思いを馳せて…。

平成18年9月7日

ふんすい塔

惑星除外

僕がメイワクですか?

—冥王星

(豊橋・はぐれ星)

平成18年11月14日

ふんすい塔

各教委へ

教育いいんかい!?

—国民

(豊橋・狂育者)

平成19年3月20日

ふんすい塔

清水一家継承

おひかえなさって!

—地元民

(豊橋・森の石ころ)

反社会組織の「清水一家」継承の名乗りに、『清水の次郎長さん』と親しんでいる地元民が困惑するのも無理はありません。

平成19年9月19日

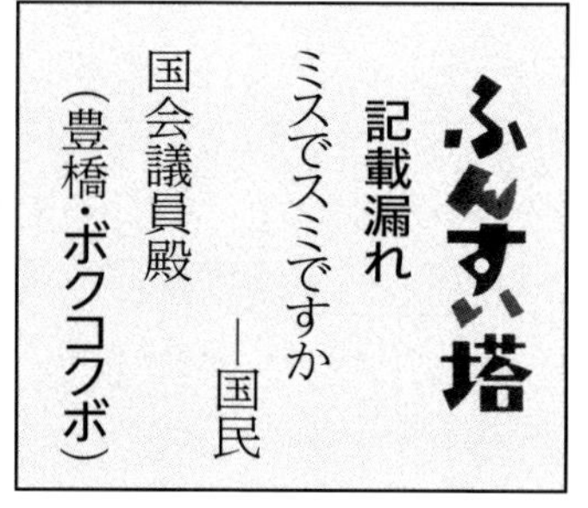

ふんすい塔

記載漏れ

ミスでスミですか

国会議員殿

—国民

(豊橋・ボクコクボ)

社会保険庁が入力した年金記録に、誤りや不備が多いこと等が明らかになった年金記録問題。

平成20年3月18日

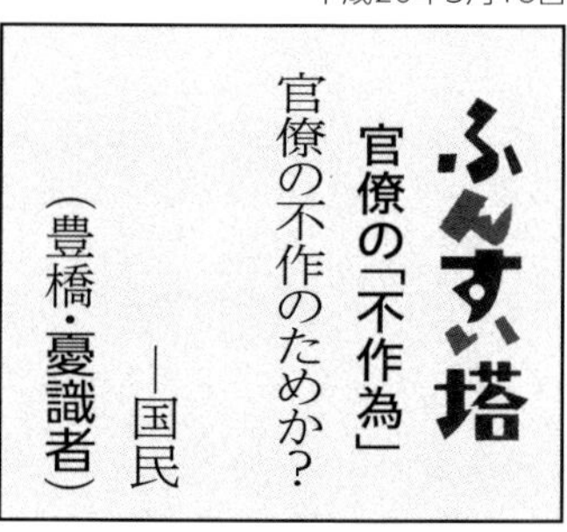

ふんすい塔

官僚の「不作為」

官僚の不作のためか?

—国民

(豊橋・憂識者)

エイズ対策において必要十分な対応をしなかった=「不作為」として、最高裁が官僚の刑事責任を認めた薬害エイズ問題。

平成20年7月4日

ふんすい塔

たばこ増税で千円？
息がゼー、ゼーする
―愛煙家
（豊橋・心配性）

平成20年9月18日

ふんすい塔

失敗でした
投手交代―星野監督
党首交代―自民党
（豊橋・思案投首）

平成20年11月6日

ふんすい塔

へそくり
裏金だ―夫
埋蔵金です―妻
（豊橋・へそまがり）

平成21年4月4日

ふんすい塔

瀬戸大橋1000円
客がフェリーそうだ
―船会社
（豊橋・れんら苦船）

平成21年4月26日

ふんすい塔

わが家の大型連休
「オール出ん
ウィーク」です
―おやじ
（豊橋・エコ家(カ)ー）

平成21年6月1日

ふんすい塔

全員8勝7敗
来場所から「小関」と
いうことで…
―相撲協会
日本人大関殿
（豊橋・大関取り）

平成21年7月5日

ふんすい塔

地方のため

国とど喧嘩(けんか)せんと
いかん！
——東国原知事
（豊橋・鬼の洗濯板）

「どげんかせんといかん！」が元宮崎県知事・東国原氏のキャッチフレーズでした。

平成21年9月27日

ふんすい塔

小沢幹事長

子供のころから一郎には
弱かった
——鳩山家の孫
（豊橋・虎馬）

平成21年10月14日

ふんすい塔

天下り根絶

下らない話だと思って
ます
——官僚
（豊橋・渡り取り）

平成22年3月13日

ふんすい塔

信用してください

トヨタラスト・ミー
——豊田社長
米国議員殿
（豊橋・運天手）

トヨタ自動車大規模リコール事件について、アメリカ議会での社長演説が話題になりました。

平成22年5月9日

ふんすい塔

進退をかけて

米国へ…トラストミー
国民へ…ラストミー
——鳩山首相
（豊橋・UI）

米軍普天間飛行場の県外移設について、当時のオバマ大統領に「トラスト・ミー」と言って信頼を失っていましたっけ。

平成23年1月9日

ふんすい塔

射撃訓練

来た！挑戦だ…北朝鮮
コリア演習だ…韓国
やめチャイナ…中国
（豊橋・憂識者）

平成23年12月1日

ふんすい塔

大学生内定率

泣いている率に
聞こえる
―国民

（豊橋・憂識者）

平成23年6月15日

ふんすい塔

義援金

百億円―孫さん
百　円―家の孫

（豊橋・憂識者）

平成24年4月28日

ふんすい塔

小沢元代表判決

「故意」ではないが
「濃い」ってこと⁉
―国民

（豊橋・賢察深査会）

平成24年2月15日

ふんすい塔

高齢者を支える

今まで…胴上げ型
今　　…騎馬戦型
今から…肩車型
もうすぐ…お手上げ型

（豊橋・消え老会）

加速する高齢化社会。65歳以上1人に対して、20～64歳が何人で支えるか、の説明表現です。

平成24年6月4日

ふんすい塔

スカイツリー開業

下町人気を「押上」て
ます
―近隣住民

（豊橋・お上りさん）

平成24年5月5日

ふんすい塔

わが家の大型連休

今年も自粛だって
―子供たち

（豊橋・出ズニー）

この2012年は東日本大震災の影響で自粛ムードでした。

平成24年7月20日

ふんすい塔
オスプレイ
値段は落ちないの？
——日本
米国殿
（豊橋・チクワノの友）

米軍の航空輸送機オスプレイの墜落事故が多発しましたが、結局配備は強行されました。

平成25年4月4日

ふんすい塔
見間違い
「じしん」なくしちゃ
ダメよ！
——立川断層帯
（豊橋・竹輪の友）

東京と埼玉にまたがる立川断層帯の調査で、地層に残っていた工事の跡を断層の痕跡だと見誤ったニュース。

平成25年7月8日

ふんすい塔
ニンシン騒動
シンシンともに
疲れました
——上野動物園
（豊橋・竹輪の友）

平成25年9月16日

ふんすい塔
ごみとし尿
「フジ」の病です
——富士山
（豊橋・竹輪の友）

世界遺産に登録された富士山。地道な活動が実り、ごみ・し尿問題は徐々に改善されているようです。

平成25年9月20日

ふんすい塔
20年五輪競り勝つ
ニッポンがイッポンに
なった！
——誘致委員会
（豊橋・竹輪の友）

平成25年11月4日

ふんすい塔
エビの区分
料理人のＡＢＣ
でしょ！
——欧州各国首脳
（豊橋・竹輪の友）

この年、日本各地のホテルで食材偽装問題が発覚しました。

平成26年9月23日

ふんすい塔

ソニー

昔―無敗
今―無配

（豊橋・竹輪の友）

平成26年11月12日

ふんすい塔

女性活用の推進

女性勝つように
なってます
―我が家

（豊橋・竹輪の友）

平成26年12月24日

ふんすい塔

国交交渉

「キューバ」しのぎ
じゃだめよ！
―米・キューバ国民

（豊橋・竹輪の友）

平成27年3月5日

ふんすい塔

大塚家具の父娘

２人掛けの椅子は
ないの？
―お客

（豊橋・竹輪の友）

家具屋の父娘が社長の椅子を争った騒動ですが、結局社長となった娘も退任したので、座り心地は良くなかったようです。

平成27年7月9日

ふんすい塔

安倍内閣

景気アップ
―アベノミクス
支持率ダウン
―アベノミス？

（豊橋・竹輪の友）

平成27年12月22日

ふんすい塔

引退会見

澤やかな笑顔、
日本の穂希
―ファン

（豊橋・竹輪の友）

平成26年11月12日

ふんすい塔

舛添さん、
いつやめるの？
今でしょ！
—都民
（豊橋・麦角斎）

平成28年3月24日

ふんすい塔

任官拒否倍増
ぼう大な人数だ
—防大
（豊橋・竹輪の友）

防衛大学で幹部自衛官になることを辞退する「任官拒否」をした人が前年の倍近くに上りました。

平成28年10月22日

ふんすい塔

解散風
二階の窓から
吹き出した！
—衆議院
（豊橋・麦角斎）

「解散の風が吹き始めている」と発言した自民党・二階敏博氏でしたが、その後首相に忖度し認識を変えました。

平成28年9月10日

ふんすい塔

マイナス幅拡大可能
下げを飲め飲め
飲むならば
—日銀・黒田節
（豊橋・麦角斎）

日本銀行・黒田総裁が金利の引き下げに言及しました。

平成29年7月17日

ふんすい塔

国民は感じてます
藤井君—将来への期待
自民党—将来への不安
（豊橋・竹輪の友）

平成29年2月14日

ふんすい塔

天下り問題
〝下らない〟こと
本気で考えてよ！
—国民
（豊橋・麦角斎）

平成29年12月29日

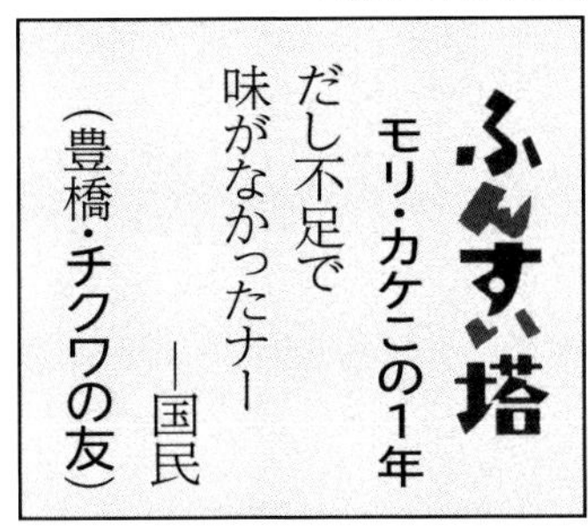

森友学園・加計学園問題は、公文書の隠蔽、改ざん、廃棄、出し渋りで味のしないうやむやな印象になっています。

令和2年7月1日

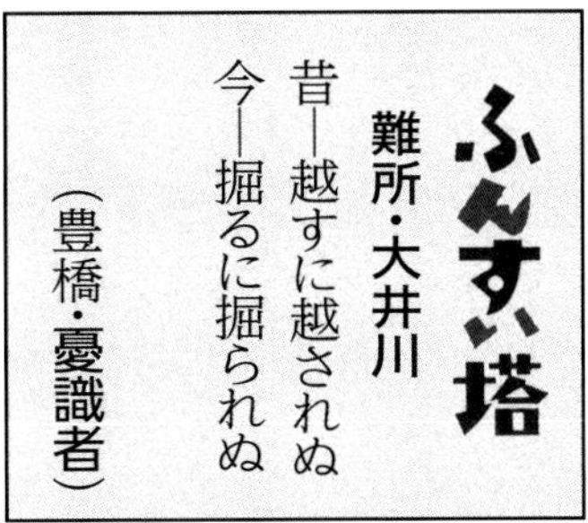

リニア中央新幹線建設をめぐり、静岡県知事が猛反発しています。川勝氏だけに、大井川の水問題を主張しています。

令和3年2月24日

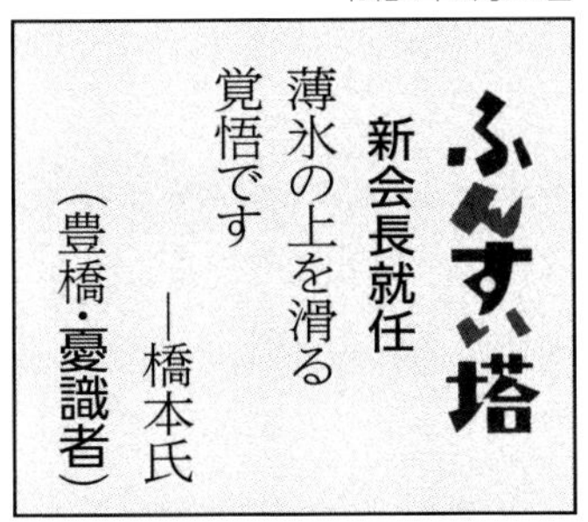

女性蔑視発言で辞任した森喜朗氏に代わり、東京五輪・パラリンピック組織委員会の新会長に、元スピードスケートメダリストの橋本聖子氏が就任しました。

令和3年4月26日

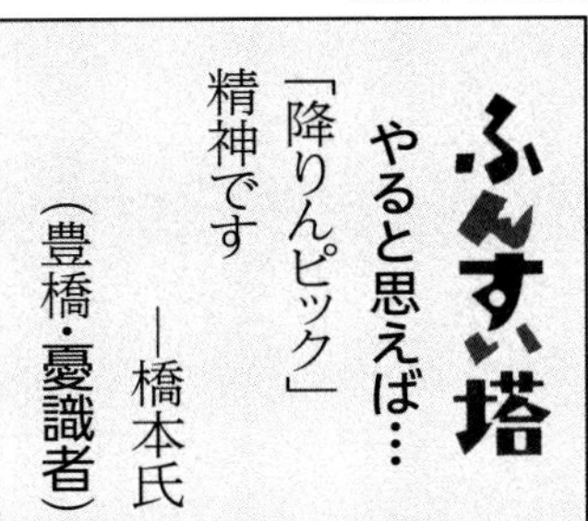

平成24年3月21日

USO放送

新会派結成

〝減税二本〟じゃ
にゃーだで！
―河村市長
（豊橋・一本気）

平成24年8月16日

USO放送

決別

「ひでーあき」だ
―市長
波「たかし」か
―知事
（豊橋・一本気）

大村秀章愛知県知事と、河村たかし名古屋市長は犬猿の仲。

平成25年11月15日

USO放送

政調費不正受給

愛知嫌疑会？
―県民
（豊橋・一本気）

平成26年6月4日

USO放送

相次ぐトラブル

ブレーキが利かない！
―名古屋市バス
（豊橋・一本気）

平成27年9月5日

USO放送

看板取り外し

とりあえずの
「表（おもて）なし」です
―協賛企業
（豊橋・一本気）

東京五輪・パラリンピックのエンブレムが撤回となり、スポンサー企業や行政の担当者は看板などの対応に追われました。

平成29年1月23日

USO放送

米TPP離脱

パーとなるシップ協定
になった！
―日本
（豊橋・一本気）

平成24年5月26日

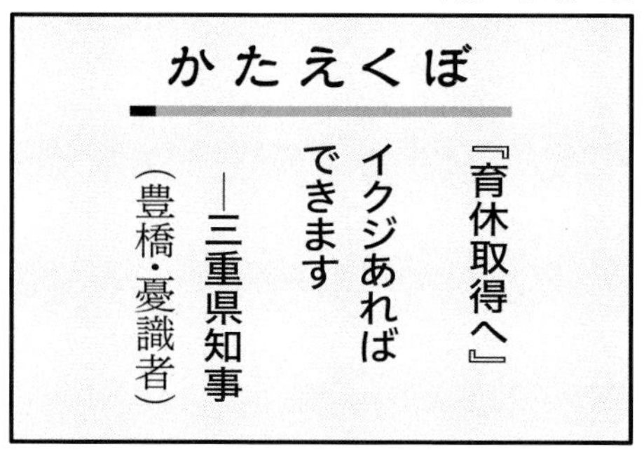

鈴木三重県知事は自ら育休を取得。5日だけでも、取得することに意義があるのです!

平成28年10月15日

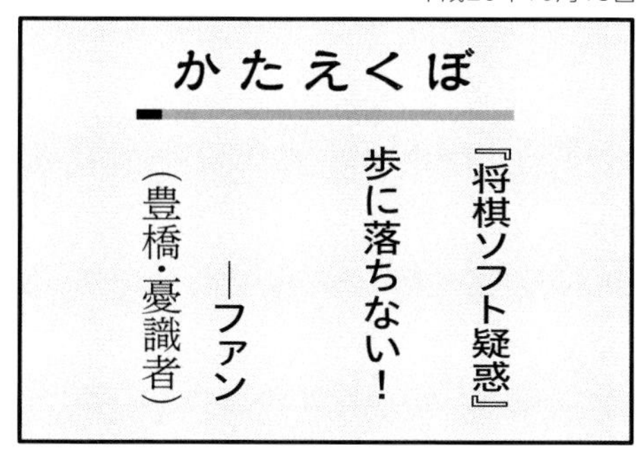

将棋棋士が公式戦対局中にスマートフォンで将棋ソフトを不正に使用したのではないかという疑惑があがりました。

平成29年6月14日

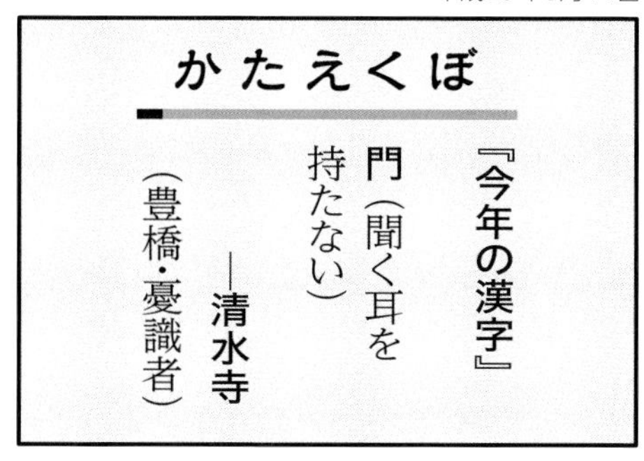

日本全国
五七五で綴るお国自慢シャレ自慢
〈 北海道・東北 〉

北海道	北に来た　ホッカイロ(北海道)貼り　寒そうや(宗谷)
青森県	暖かで　ストーブ列車　ねむた(ねぶた)いか
岩手県	祝って(岩手)ね　全線復旧　リアス線
宮城県	復興へ　みなぎ(宮城)る力　本気だで(伊達)
秋田県	あった(秋田)まる　湯たんぽよりも　きりたんぽ
山形県	山があった(山形)　川も流れる　最上川
福島県	来たかった(喜多方)　君に会わず(会津)に　帰れない

⁉18歳と81歳の違い⁉

友人から「何かの会の資料だけど面白いよ」と
“18歳と81歳の違い”を紹介されました。
それにヒントを得てできた作品です。
怒ったりなさらずに、
笑い飛ばしていただければと思います。

怒っちゃいけない
笑い飛ばそう!!

!? 18歳と81歳の違い !? ①

・夢を現実のものにしたいのが18歳
夢か現実か はっきりしないのが81歳

・「悪いことをしては いかんぞ!」と言われるのが18歳
「悪いとこは 胃・肝臓」と言われるのが81歳

・81歳はシニアだと思っているのが18歳
まだまだシニア(死にあ)せんと思っているのが81歳

・勘当されることがあるのが18歳
「勘当だ」と言ってくれる人がいないのが81歳

・好機(チャンス)を待っているのが18歳
待ったなしに 後期(高齢者)にされたのが81歳

・擦った揉んだ ともめるのが18歳
吸った揉んだは 遠い昔なのが81歳

・席が混んでたら、立っているのが18歳
咳き込んだら、立っていられないのが81歳

・びよういん(美容院)へ行くのが18歳
びょういん(病院)へ行くのが81歳

・犬を散歩につれて行くのが18歳
犬に連れて行ってもらうのが81歳

・突然 目覚めることがあるのが18歳
次の日 目覚めるかどうかわからないのが81歳

怒っちゃいけない
笑い飛ばそう!!

⁉ 18歳と81歳の違い ⁉ ②

・イヤホンで音楽を楽しんでいるのが18歳
糸電話がうるさいと怒るのが81歳

・ガムを噛んでモグモグやっているのが18歳
何も噛んでなくてもモグモグしているのが81歳

・灸をすえられ、熱がさめたのが18歳
灸をすえられ、熱くなってきたのが81歳

・キレて暴言を吐くのが18歳
食い切れずに飲み込んでしまうのが81歳

・扶養されていることもあるのが18歳
不要とされていそうなのが81歳

・時々、人に食ってかかるのが18歳
時々、人を食ったようなことを言うのが81歳

・「ヘルメットを買ってくれ」と18歳
「鉄かぶとでガマンしろ」と81歳

・異性を見ると「心臓ドキドキ」が18歳
何を見ても「ドキドキしんぞう（しないぞう）」が81歳

・人生七転び八起きが18歳
一転びしたら 起きれそうもないのが81歳

・暇と力はあっても、金のないのが18歳
暇と金はあっても、力の出ないのが81歳

怒っちゃいけない
笑い飛ばそう!!

⁉ 18歳と81歳の違い ⁉ ③

・フラダンスを踊るのが18歳
フラフラ・ダウンをするのが81歳

・惚れやすいのが18歳
惚けやすいのが81歳

・あとで 苦労が自分の薬になるのが18歳
今 薬を飲むのに苦労しているのが81歳

・肩で風切るのが18歳
肩で息するのが81歳

・むせび泣くのが18歳
むせて泣くのが81歳

・言うことを聞かないのが18歳
言うことが聞きとれないのが81歳

・腕を振るうのが18歳
手が震えるのが81歳

・居たくないと出て行ったのが18歳
居たくないが、足腰痛くて出て行けないのが81歳

・励まし合うのが18歳
ハゲが増しているのが81歳

・いびきをかくなと言われるのが18歳
いびきをかかないと心配なのが81歳

怒っちゃいけない
笑い飛ばそう!!

⁉ 18歳と81歳の違い ⁉ ④

・玄関の鍵を掛けて出て行ったのが18歳
玄関に鍵を掛けたまま出て行ったのが81歳

・「私には神様がついているみたい」と18歳
「俺には上(かみ)さんもついてこない」と81歳

・片思いで悩んでいるのが18歳
肩が重いと悩んでいるのが81歳

・廊下を走っていくのが18歳
老化で走れないのが81歳

・「おつむ(頭)を使え」と言われるのが18歳
「おむつを使え」と言われるのが81歳

・「お迎えの彼が早く来ないかなー」と18歳
「お迎えはまだ早い」と怒る81歳

・アクセルを踏んだらブレーキがきかないのが18歳
アクセルとブレーキを踏み違えるのが81歳

・ラブラブしているのが18歳
ブラブラしているのが81歳

・ドローンを操作したいのが18歳
ドローンに捜索されそうなのが81歳

・病院へ行くと言うと心配されるのが18歳
病院へ来ないと心配されるのが81歳

怒っちゃいけない
笑い飛ばそう!!

⁉ 18歳と81歳の違い ⁉ ⑤

・運転免許を取りに行くのが18歳
運転免許を取られそうなのが81歳

・「これだからダメ! やり直せ」と言われているのが18歳
「高齢だからこのままで良い」と言われているのが81歳

・密接を心配しているのが18歳
密接だけは心配ないのが81歳

・説得に骨が折れるのが18歳
接触し骨が折れたのが81歳

・「ほっとけほっとけ」と言われるのが18歳
仏になっちゃうのでほっとけないのが81歳

・家出して帰って来ないのが18歳
家を出たら帰って来れないのが81歳

・「イェー! これで行こう」と言っているのが18歳
「遺影はこれでいこう」と言っているのが81歳

・欠席でなかなか出て来ないのが18歳
結石がなかなか出て来ないのが81歳

・インスタの撮影に出掛けたのが18歳
X線の撮影に出掛けたのが81歳

・食べずに「何だかんだ」言うのが18歳
食べたら「何度噛んだ?」と言われるのが81歳

⁉18歳と81歳の違い⁉ ⑥

・病院で「今日は何か?」と聞かれるのが18歳
病院で「今日は何科なの?」と聞かれるのが81歳

・「ぬるま湯に浸かっていてはイカン」と言われるのが18歳
「ぬるま湯に浸かる方が良い」と言われるのが81歳

・「先の見えない時代がつらい」と18歳
「後がない人生もつらかった」と81歳

・「時代に置いて行かれないように」と言われるのが18歳
「次第に老いて行くのは当然ですよ」と言われるのが81歳

・マイナンバーで預貯金を管理されそうなのが18歳
「何枚だー」とタンス貯金を管理しているのが81歳

・「かれこれ」言われたくないのが18歳
「加齢・高齢」だと言われているのが81歳

・「敬老の日だよ」と18歳
「消えろうの日じゃないよな」と81歳

・「嫁に行くか?」と聞かれるのが18歳
「余命いくばくか?」と聞きたいのが81歳

・婿に行くかどうか迷っているのが18歳
向こうに行くかどうか迷っているのが81歳

・「あの子に気があるから会いたい」と18歳
「あの人に毛があるうちに会いたい」と81歳

怒っちゃいけない
笑い飛ばそう!!

⁉ 18歳と81歳の違い ⁉ ⑦

- 入院中「ここに居たくない」と言っているのが18歳
  入院中「ここが痛い」と言っているのが81歳

- やる気が無いと二階で腐っているのが18歳
  やることが無いと庭で草取っているのが81歳

- 「役場へ行って来る」と18歳
  「焼き場じゃないよな」と81歳

- 雨が降ってきたのを掌で感じるのが18歳
  雨が降ってきたのを頭で感じるのが81歳

- 急に帯状疱疹が出たのが18歳
  いつも放心状態なのが81歳

- 「とぼけるな!」と叱られるのが18歳
  「ぼけるな!」としか言われないのが81歳

- 憎めなくて可愛いのが18歳
  肉がなくてかわ(皮)いそうなのが81歳

- 言い出したら聞かないのが18歳
  言い出しても聞いてもらえないのが81歳

- 「心配してる」と優しい18歳
  「心肺停止してる」と聞き間違えた81歳

- 「友達と遠出してくる」と18歳
  「友達が遠出してしまった」と81歳

⁉ 18歳と81歳の違い ⁉ ⑧

・「パンツで出掛ける」と18歳
「ズボンをはかなきゃまずいだろう」と81歳

・「Go To イート! みんなで行こう」と18歳
「強盗してまで食べなくてイート」81歳

・「夢に向かって真っ直ぐ進むんだ」と18歳
「夢の中でも真っ直ぐ進めないんだ」と81歳

・「食べ物がおそまつで食えん」と18歳
「食べ物をそまつにするなら食うな」と81歳

・「腹いっぱい食べた グッスリ休みたい」と18歳
「腹いっぱい飲んだ クスリ休みたい」と81歳

・「ホームステイしたい」と家を出て行った18歳
「ホームステイじゃない、今はステイホームだ」と81歳

・「電子メールって楽しいよ」と18歳
「電子見えるって顕微鏡か?」と81歳

・「ラインは今、無料で見られるよ」と18歳
「ラインダンスは昔、金払って見た」と81歳

・「みんなにハグされて、びっくりした」と18歳
「みんなとはぐれて、びくびくした」と81歳

・内定を取り消されたと泣いている18歳
生命保険を断られたと怒っている81歳

怒っちゃいけない
笑い飛ばそう!!

!? 18歳と81歳の違い !? ⑨

・管(くだ)を巻いているのが18歳
管を巻かれているのが81歳

・好きと言われてポーッとしているのが18歳
スキッとせずボーっとしているのが81歳

・恋の病で食欲がないのが18歳
老いの病で食欲がないのが81歳

・「つまらないことに気を遣わないよ」と18歳
「つまらないように気を遣っているんだ」と81歳

・寝る前にまつげ、ピアス、コンタクトを外すのが18歳
寝る前に補聴器、メガネ、入れ歯を外すのが81歳

・写真の顔よりきれいだと言われて喜んでいるのが18歳
胸部写真はきれいだと言われて喜んでいるのが81歳

・「私はハイティーンだよ」と18歳
「俺も歯痛ぇんだよ」と81歳

・「末っ子でお下がりばっかりだ」と18歳
「末っ子でもうお下がりをくれる人もあげる人もいないんだ」と81歳

・「どこも行きたいところばっかりだ」と18歳
「どこもかも痛いところばっかりだ」と81歳

・「どこへでも行け!」と怒られているのが18歳
「どこへも行くな!」と怒られているのが81歳

怒っちゃいけない
笑い飛ばそう!!

!? 18歳と81歳の違い !? ⑩

・兄弟（姉妹）で意地を張り合っているのが18歳
夫婦で湿布を貼り合っているのが81歳

・「みんなでお墓参りでもしたいねえ」と18歳
「すまん、はかない人生だったんだ」と81歳

・「悔しくても手を上げたら負けだぞ」と諭されているのが18歳
「悔しいがお手上げなんだ」と覚っているのが81歳

・「コロナが収束したら同窓会なので、絶対行きたいなー」と18歳
「コロナが収束したら同窓会なので、それまで生きたいなー」と81歳

・「やる気がないから、やらないんだ」と18歳
「やる気はあるが、やれないんだ」と81歳

・恋こがれて夜も寝られないのが18歳
昼寝するので夜は寝られないのが81歳

・行き当たりばったりで、転ぶのも恐れないのが18歳
行き当たってばったりで、立ち上がれないのが81歳

・「温かさが骨身にしみる」とつぶやいているのが18歳
「寒さが骨身にこたえる」とぼやいているのが81歳

・詐欺電話で孫の役をやらされそうなのが18歳
詐欺電話でマゴマゴさせられそうなのが81歳

・虫歯は一本もないと18歳
入れ歯なので虫歯はないと81歳

⁉ 18歳と81歳の違い ⁉ ⑪

・SNSで友情を求めているのが18歳
SOSで救助を求めているのが81歳

・大学合格を、手をたたいて喜んでいるのが18歳
大学合格を、手を合わせて喜んでいるのが81歳

・「我が家には、神も仏もないのかなー」と18歳
「俺だって髪もほっとく毛もないもんなー」と81歳

・「当たって砕けろだ!」と威勢がいいのが18歳
「当たる前に砕けなければいいが」と81歳

・「愛や恋をどう伝えたらいいのかな」と18歳
「会いに来い」でいいんじゃないかと81歳

・「未成年者と分かる物を見せろ」と言われているのが18歳
「後期高齢者だと見れば分かる」と言われているのが81歳

・「思い出してよ! 行きすぎたんじゃないの?」と18歳
「何も思い出せん! 生きすぎたかもしれん」と81歳

・「元気か?」と肩をたたき合っているのが18歳
「お元気で…」と肩をたたかれた日を思い出しているのが81歳

・「“飲む・打つ・買う”って何のことか?」と18歳
「“薬・ワクチン・サプリ”のことじゃないのか?」と81歳

・決戦を前に敵を飲んでかかっているのが18歳
血栓ができる前に薬を飲んで医者にかかっているのが81歳

中
報告
中

中間報告

的（マト）はずれ

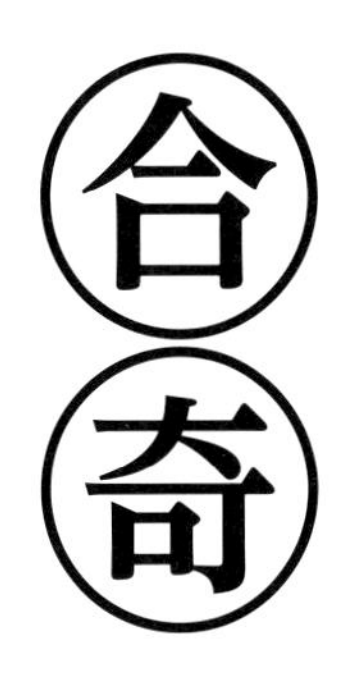

合縁奇縁

口車

合格（五角）圏内

悲恋

日本全国

五七五で綴るお国自慢シャレ自慢

〈関東〉

茨城県	良いみたい　産後の肥立ち(常盤(ひたち))も　見通し(水戸市)も
栃木県	にっこ(日光)りと　手を宇都宮　東照宮
群馬県	小遣い(上野(こうずけ))を　俺の分ま(群馬)で　かあちゃんが
埼玉県	相撲取り　昔(武蔵)いました　若秩父
千葉県	いけません　調子(銚子)はずれの　暴走(房総)は
東京都	おっかさん　スカイツリーへ　お上りさん
神奈川県	ハマッ子が　みんなと未来(みなとみらい)へ　レッツゴー

♪おたまじゃくしは蛙の子♪

平成16年から毎年、世の中の出来事を

童謡♪おたまじゃくしは蛙の子♪のメロディーにのせて

洒落と風刺で歌い上げています。

「そうそう、そんなこともあったナー」と

思い出しながら見てください。

平成16・17年　おたまじゃくしは蛙の子

・蘇我さん一家が里（佐渡）帰り　住みよい所と言ってます
それが何より証拠には　佐渡おけさ（佐渡OKサ）をうたってる。

・イラクへ行っている自衛隊　やることハッキリしています
それが何より証拠には　イラ苦をイ楽にするんだよ。

・学力低下の小学生　ゆとり教育見直しだ
それが何より証拠には　ゆとり（優取り）教育で優がない。

・兄弟げんかはやめなさい　双子山親方怒ってる
それが何より証拠には　兄弟仲良く　解ったか（若っ貴）。

・牛肉輸入の再開を　早くしてよとアメリカさん（産）
それが何より証拠には　もう待てんろう（摩天楼）とニューヨーク。

・両国国技館って言うけれど　両国って何だかわかったぞ
それが何より証拠には　日本とモンゴルのことらしい。

・高額納税のもんたさん　年金だって納めてる
それが何より証拠には　みのーじゃないよ　みのもんた。

・プロ野球の経営は　セもパもみんな苦しいの
それが何より証拠には　切迫（セッパ苦）してると言ってます。

・参議院議長の扇さん　内輪（団扇）の話をしてました
それが何より証拠には　センス（扇子）ある参議院にしたいんです。

・高齢化社会になってきて　年金の見通し暗いです
それが何より証拠には　年金暮らし（暗し）にゃ暮らせない。

平成18年 おたまじゃくしは蛙の子

・惑星除外になっちゃって　冥王星が怒ってる
それが何より証拠には　俺は迷惑星にさせられた。

・パロマの事故で湯沸かし器　使っている人怒ってる
それが何より証拠には　みんな煮え湯を飲まされた。

・高松塚にカビ生えて　飛鳥美人が怒ってる
それが何より証拠には　華美（カビ）な化粧はしたくない。

・ゆとり教育見直しで　現場の先生怒ってる
それが何より証拠には　言うとおり（ゆとり）教育してたのに。

・スケート協会会長が　不正経理でみそつけた
それが何より証拠には　フィギュア（不義や）スケートで転倒だ。

・和歌山・福島・宮崎の　県知事さんは仲が良い
それが何より証拠には　まさにダンゴ（談合）３兄弟。

・森派の安倍さん首相になって　ブルーシャトーを歌ってる
それが何より証拠には　♪森と小泉に囲まれて…。

・岐阜県庁の裏金を　燃やした所がわかったぞ
それが何より証拠には　やっぱり県庁の裏カネ（金）？

・早稲田実業の斎藤君　ハンカチ王子に不満です
それが何より証拠には　僕は甲子園でゼンカチ（全勝）です。

・いじめや未履修続出で　教育委員会がおかしいぞ
それが何より証拠には　これで教育良いんかい（委員会）？。

平成19年 おたまじゃくしは蛙の子

・賞味期限の書き換えで　老舗の赤福大変だ
それが何より証拠には　あんこつけずにみそつけた。

・ゴルフばかりの守屋さん　ちょっと聞きたいことがある
それが何より証拠には　何をしてたの事務次官（事務時間）。

・今度は兄ちゃん離婚して　昔の人気がウソみたい
それが何より証拠には　若貴時代が花だっけ（花田家）。

・牛ミンチ偽装の社長さん　記者会見でゴメンナサイ
それが何より証拠には　うし（牛）ろめたくてモウしません。

・試合禁止になっちゃって　亀田親子が困ってる
それが何より証拠には　これから検討（拳闘）してみます。

・ハムが値上がりするみたい　買う人みんな怒ってる
それが何より証拠には　量を減らしてハム買う（歯向かう）か。

・解約周知の問題で　駅前NOVAがたたかれた
それが何より証拠には　生徒とええ会話（英会話）できなんだ。

・解約周知の問題で　駅前NOVAがたたかれた
それが何より証拠には　社員教育　野放し（NOVAなし）だ。

・朝青龍が草原で　何しているのか心配だ
それが何より証拠には　腐っ（草）とってちゃ　いけないよ。

・モンゴルばかりの大相撲　三河のファンが怒ってる
それが何より証拠には　これでも本当に国技かん（国技館）？

平成20年 おたまじゃくしは蛙の子

・自衛隊のイージス艦　千葉県沖で衝突だ
それが何より証拠には　暴走（房総）半島と間違えた。

・尖閣・竹島問題で　隣のお国と揉めている
それが何より証拠には　両雄（領有）並び立たずです。

・小室哲哉の詐欺事件　音楽ファンが驚いた
それが何より証拠には　策士（作詞）作曲はいけません。

・敬老敬老と言われても　あまり嬉しくありません
それが何より証拠には　早く消えろ（敬老）に聞こえます。

・オリンピックの野球では　星野ジャパンが第４位
それが何より証拠には　どう（銅）にもならない結果です。

・失言続きの麻生さん　あの世で爺さんが悩んでる
それが何より証拠には　殊勝（首相）な心でやりなさい。

・参議院の反対で　日銀の頭が決まらない
それが何より証拠には　総裁なしでは頭取だ。

・医療制度の見直しで　後期高齢者が怒ってる
それが何より証拠には　俺を殺そう（厚労省）としてないか。

・松下電器の会社名　パナソニックに変更だ
それが何より証拠には　これでナショナル無しょなるだ。

・アメリカ発の大不況　株価下がって下部価だよ
それが何より証拠には　投資家みんな凍死かな?

平成21年 おたまじゃくしは蛙の子

・設楽の新しい町長は　ダムの建設賛成だ
それが何より証拠には　ダムの建設したら（設楽）いい。

・16年のオリンピック　東京はダメだとわかってた
それが何より証拠には　リオでじゃねー（デジャネーロ）かと言ってたもん。

・保育所希望が多すぎて　待ってる児童が苦笑い
それが何より証拠には　大器（待機）晩成というみたい。

・自民党の町村派　人数減ってどうするか
それが何より証拠には　町村合併あるかもね。

・インド洋での給油を　中断するのは心配だ
それが何より証拠には　油断大敵って言うじゃない。

・鳩山さんが株買って　申告漏れでは深刻だ
それが何より証拠には　勝って兜（買って株と）の緒を締めよ。

・日航の経営縮小で　地方空港が困ってる
それが何より証拠には　日光（日航）を見ずして結構（欠航）かい。

・子ども手当はもらえるが　年寄りゃ手当に要注意
それが何より証拠には　医師の手当てじゃ金が要る。

・大幅増税にならなくて　煙草を吸う人喜んだ
それが何より証拠には　お礼の言葉はすいません（吸いません）。

・人を襲った犬がいる　鎖切ってた（腐りきってた）みたいです
それが何より証拠には　やけ（野犬）になってたみたいです。

平成22年 おたまじゃくしは蛙の子

・「政治と金」の小沢さん　ごめんなさいとは言いません
それが何より証拠には　アイムソーリ（総理）じゃないんだもん。

・「政権交代」の民主党　参院選負けてフラフラだ
それが何より証拠には　これじゃ「政権後退」だ!

・男性区長が自分から　育児休暇を取りました
それが何より証拠には　意気地（育児）がないと取れません。

・岡崎信金の不祥事で　預金のお客が怒ってる
それが何より証拠には　どこかおかしん（岡信）じゃないんかな?

・子育てしていた「やわら」ちゃん　民主比例で当選だ
それが何より証拠には　産院終わって参院へ。

・子供ら頼りにならないと　百歳以上が出て行った
それが何より証拠には　その後本当に便り（頼り）なし。

・禁煙できない人たちが　煙草の値上げで困ってる
それが何より証拠には　やめられなくて音（値）を上げた。

・新幹線の屋根飛んだ　原因ボルトの締め忘れ
それが何より証拠には　人も車輌もネジ巻かれ。

・柔道引退「やわら」ちゃん　二足のわらじは無理だった
それが何より証拠には　「政治と金（メダル）」ではたたかれる。

・東国原知事さんは　次の知事選　不出馬だ
それが何より証拠には　「そのまんま東」へ行くみたい。

平成23年 おたまじゃくしは蛙の子

・二川駅のツバメの巣　壊すに壊せず大弱り
それが何より証拠には　なんてったって益鳥（駅長）だ。

・月月火水木金金　この夏トヨタが大変身
それが何より証拠には　土日出勤木金休。

・横浜球団身売りでは　オーナー会議も困ってる
それが何より証拠には　DeNA（DNA）の検査待ち。

・なでしこジャパンの優勝で　選手が一番びっくりだ
それが何より証拠には　みんなびっくり　たまげった（球蹴った）よ。

・トリミングしたから大丈夫　生肉業者は甘かった
それが何より証拠には　これで行け（ユッケ）ると思ったか。

・作るか止めるかハッ場ダム　名前の文字に難がある
それが何より証拠には　ハッ場（やんば）というけど　ん（運）がない。

・メルトダウンは恐ろしい　民主も自民もビビってる
それが何より証拠には　もメルトダウンだ支持率が。

・小沢氏はずして頑張った　菅さん最後はボロクソだ
それが何より証拠には　何だ（難だ）かんだ（菅だ）と言われたよ。

・課題山積み野田首相　愛されたいのよ国民に
それが何より証拠には　どじょう（同情）が鯉（恋）になればいい。

・一億寄付したイチローに　負けじと俺も寄付したぞ
それが何より証拠には　ポンと109（イチオク）円出した。

平成24年　おたまじゃくしは蛙の子

・ダメだダメだと言われても　またまたミサイル発射する
それが何より証拠には　これが本当の来た!挑戦（北朝鮮）。

・中国海洋監視船　尖閣周辺嫌がらせ
それが何より証拠には　日本にとっても感心せん（監視船）。

・配備反対してるのに　何が何でも押しまくる
それが何より証拠には　これが本当の押すプレイ（オスプレイ）。

・一票格差は違憲です　何とかしろと最高裁
それが何より証拠には　放っとくわけにもイケン（違憲）です。

・「維新」に振られた河村さん　「日本未来」と合流だ
それが何より証拠には　終わり（尾張）だけにはしたくない。

・レバ刺し食べたいという人に　文句言うなと厚労省
それが何より証拠には　生意気言う奴焼き入れろ。

・オリンピックのバドミントン　わざと負けてはいけません
それが何より証拠には　バッドミントンになっちゃうよ。

・宇宙飛行士　星出さん　心配事がひとつある
それが何より証拠には　浮いたうわさが日本中。

・豊川信金立てこもり　懲役刑ではないみたい
それが何より証拠には　禁固（金庫）刑だと言ってます。

・スカイツリーを見る人は　地方の人が多いです
それが何より証拠には　来る人みんなお上りさん。

平成25年 おたまじゃくしは蛙の子

・世界遺産の富士山は　ゴミとし尿で悩んでる
それが何より証拠には　富士（不治）の病と言われてる。

・化学兵器を使ったか？　聞いてはみたがわからない
それが何より証拠には　何を聞いても知りま（シリア）せん。

・アベノミクスって何ですか？　シャレで言ったらわかるかな
それが何より証拠には　デ（出）フレ脱却イ（入）ンフレさ。

・安倍さん二度目の政権は　長期になるかも知れません
それが何より証拠には　安倍のみクス（アベノミクス）クス笑ってる。

・五輪を決めたあの言葉　猪瀬都知事にぴったりだ
それが何より証拠には　表なし（おもてなし）だよ裏があり。

・実って頭（こうべ）を垂れるのは　稲穂だけではないみたい
それが何より証拠には　瑞穂（みずほ）も頭を下げてます。

・橋もトンネルも老朽化　精密検査が必要です
それが何より証拠には　NO高速（脳梗塞）が心配だ。

・統一球の変更を　黙っていたのはマズかった
それが何より証拠には　とんだ（飛んだ）ことになっちゃった。

・日本シリーズはじめから　気力で巨人が負けていた
それが何より証拠には　どうしても欲しいの（星野）！日本一。

・パンダの妊娠騒動で　動物園もくたびれた
それが何より証拠には　心身（シンシン）ともに疲れたよ。

平成26年 おたまじゃくしは蛙の子

- 世界のソニーが大変だ　何が起きるかわからない
  それが何より証拠には　昔無敗が今無配。

- STAP細胞は残念だ　スタッフ砕亡になっちゃった
  それが何より証拠には　姉ちゃーもネイチャーも撤回だ。

- 錦織君の目標は　四大大会初Ｖだ
  それが何より証拠には　僕はカップを手にす（テニス）るぞ。

- これから我が国呼ぶ時は　ジョージアと言ってくださいね
  それが何より証拠には　ロシアとグルじゃ（グルジア）ないんです。

- 調査捕鯨と言ったって　なかなか解ってもらえない
  それが何より証拠には　目くじら（鯨）立てて怒ってる。

- 女性活用と言うけれど　我が家じゃとっくにやってるよ
  それが何より証拠には　女性勝つよう（女性活用）になってます。

- 松島さんの答弁に　自民の中でもあきれ顔
  それが何より証拠には　内輪（団扇）の噂じゃセンス（扇子）なし。

- 幹事長を辞めさせたい　役員人事でひと苦労
  それが何より証拠には　石橋（石破氏）叩いて渡れるか?

- 城崎温泉日帰りで　何をしてたか分かったぞ
  それが何より証拠には　今までぬるま湯につかってた。

- 富士山頂の県名を　山梨と書い（甲斐）ては困ります
  それが何より証拠には　静岡にするが（駿河）いいですか?

平成27年 おたまじゃくしは蛙の子

・東京五輪のエンブレム　企業の看板取り外し
それが何より証拠には　これが本当の表無し（お持て成し）。

・小保方さんはかわいそう　肩書き何にもなくなった
それが何より証拠には　博士とられて白紙だもん。

・サークルKの業績が　延びずユニーが大苦戦
それが何より証拠には　さあ苦しい（サークルC）になっちゃった。

・新国立の競技場　責任取る人どこに居る
それが何より証拠には　下村向うの森でしょう。

・ロッテのお家騒動で　父親カンカンに怒ってる
それが何より証拠には　噛ん（ガム）で捨てられてたまるかと。

・11ケタの番号で　税金のがれがパーになる
それが何より証拠には　それでおしマイナンバーだ。

・安保法案違憲だと憲法学者の意見（違憲）です
それが何より証拠には　憲法がくしゃ（学者）くしゃになっちまう。

・野党の足並みそろわない　共闘なんて無理でしょう
それが何より証拠には　エイヤッと（野党）いかずキョト共闘だ。

・杭打ちしたのにとどかずに　杭（悔い）を残して大騒ぎ
それが何より証拠には　杭は浅いが根は深い。

・うちわはダメです松島さん　センスあるわと島尻さん
それが何より証拠には　私カレンダー（可憐だぁ）ということか。

平成28年 おたまじゃくしは蛙の子

・次から次へと出て来るぞ　疑惑は増すぞえ（舛添）都知事さん
　それが何より証拠には　不適切より不出来説。

・現金配布を認めたよ　元航空の幕僚長
　それが何より証拠には　いまさら空を使えない。

・パナマ文書の流出で　取引した人困ってる
　それが何より証拠には　運が（運河）無くなりもれだした。

・張り手、ダメ押し、横っ跳び　モンゴル出身お三方
　それが何より証拠には　横綱品欠く（品格）ことばかり。

・ノーベル賞の授賞式　欠席することわかってた
　それが何より証拠には　ボク出らん（ボブ・ディラン）と言ってるもん。

・ミサイル発射の北朝鮮　何を言っても聞きません
　それが何より証拠には　忠告（中国）・勧告（韓国）無視だもの。

・防衛大学出たけれど　ハイ　サヨナラがあるみたい
　それが何より証拠には　任官拒否が膨大（防大）だ。

・丸川大臣発言で　賛否両論ありました
　それが何より証拠には　○か（丸川）？×だと思うけど。

・トランプゲームは数あれど　最後のゲームはこれしかない
　それが何より証拠には　婆ぬきゲーム大成功。

・解散風が吹き出した　どこから出たかがわかったぞ
　それが何より証拠には　二階の窓から吹き出した。

平成29年 おたまじゃくしは蛙の子

・ヤマト運輸が忙しい　社員お手上げ社は値上げ
それが何より証拠には　それ見てお客が音を上げた。

・宅配3社の値上げには　利用者納得いきません
それが何より証拠には　ウンソーカイ（運送界）とは言えません。

・名古屋のお城の天守閣　市民が心配しています
それが何より証拠には　木にする費用を気にしてる。

・3横綱と2大関　休場ばかりで大弱り
それが何より証拠には　やばっかりでやだよねー。

・トランプ、安倍さん見ていると　今年の漢字は閂だろう
それが何より証拠には　聞く耳もたない人だから。

・各省庁の天下り　もっとまじめに取り組もう
それが何より証拠には　下らないこと考えて！

・答えを読むのでよろしくと　正直江崎担当相
それが何より証拠には　苦しい時の神（紙）だのみ。

・モリ、カケ問題この一年　まだまだ腹に落ちません
それが何より証拠には　ダシ（出し）が不足でソバが食えん（学園）。

・民進党から次々と　脱党兵が止まらない
それが何より証拠には　ミシン、ミシンと（民進、民進党）音がする。

・新元号を知りたいと　カレンダー業界大あわて
それが何より証拠には　日程の締切り（日めくり）迫ってる。

平成30年 おたまじゃくしは蛙の子

・日本大学ゴタゴタも　落ちつく所へ落ちつくか?
それが何より証拠には　雨降って（アメフット）地固まると申します。

・谷岡学長記者会見　腹を立ててはいけません
それが何より証拠には　片（肩）をつけなきゃダメでしょう。

・四角な性格貴乃花　ついに角界引退だ
それが何より証拠には　四角じゃ八角に勝てません。

・巨人選手の不祥事で　長嶋さんも嘆いてる
それが何より証拠には　これじゃ永久に自滅です。

・瀬戸内渡った脱走者　世の中そんなに甘くない
それが何より証拠には　海も世間も辛(から)かった。

・日本一周の逃走も　お金が無くては無理でしょう
それが何より証拠には　自転車走業（自転車操業）じゃ厳しいよ。

・飲酒の日航操縦士　搭乗前に拘束だ
それが何より証拠には　空を使えずバレちゃった。

・依存症対策どうするか　管理委悩んでいるみたい
それが何より証拠には　舵の（カジノ）取り方むずかしい。

・財務大臣留任は　適材適所と安倍総理
それが何より証拠には　あっそうだろう（麻生太郎）と言う本人。

・昭恵夫人のやることに　総理の母上お冠
それが何より証拠には　私の心臓（晋三）に良くないの!!

令和元年 おたまじゃくしは蛙の子

- 生前退位ということで　宮内庁・政府大慌て
それが何より証拠には　それじゃ平静（平成）でいられない。

- 漁獲量の激減で　蒲鉾業者が痛々（板板）しい
それが何より証拠には　社長がサメザメ（鮫鮫）泣いている。

- 市長の飲酒暴力で　市民が呆れ返ってる
それが何より証拠には　さって（幸手市）これからどうなるの？

- 二階に避難の被災者が　「まずまずだった」に怒ってる
それが何より証拠には　非難してます二階氏を。

- 滝川さんを口説くのに　殺し文句がありました
それが何より証拠には　いつでも俺を信じろ（進次郎）！

- 在庫一掃内閣は　いろんなものの詰め合わせ
それが何より証拠には　訳あり品も入ってる。

- 共通テストの会見で　萩生田大臣陳謝した
それが何より証拠には　身の丈だけに身長（慎重）に！

- 五輪マラソン札幌に　ああ行けこう行け（小池）じゃ困るのよ
それが何より証拠には　渡世（都政）の義理に反するの。

- 桜を見る会参加者が　不透明だと言われてる
それが何より証拠には　サクラに見られているみたい。

- 日本海(うみ)の向こうはおそロシア　中国・韓国やり放題
それが何より証拠には　激しくなってきた挑戦（北朝鮮）。

令和2年 おたまじゃくしは蛙の子

・うがい・手洗いしただけじゃ　国会きれいになりません
　それが何より証拠には　逮捕議員は足洗え!!

・東京開催できるかな?　IOCも悩んでる
　それが何より証拠には　ご臨終（五輪終）かもわからない。

・大相撲の改革は　心・技・体の充実だ!
　それが何より証拠には　ファンもそうだと信じたい（心・技・体）

・藤井八段頑張った　瀬戸市市民は大騒ぎ
　それが何より証拠には　大い（王位）に気勢（棋聖）をあげてます。

・立憲・国民の合流で　大事なことが抜けている
　それが何より証拠には　党名なんて枝の（枝野）枝。

・元の首相と現首相　同じ方《かた》ではありません
　それが何より証拠には　「菅《かん》違いで菅《すが》」と言ってます。

・女性はウソつける発言で　「言っていない」はウソだった
　それが何より証拠には　自分でウソつきゃ間違いない!

・ステイホームと言ってるのに　息子は家を出て行った
　それが何より証拠には　ステイホーム（捨てーホーム）と勘違い?

・線審直撃ジョコビッチ　アクシデントに大反省
　それが何より証拠には　低級（庭球）なプレイでごめんなさい。

・越すに越されぬ大井川　今じゃリニアが困ってる
　それが何より証拠には　掘るに掘られぬ大井川。

日本全国

五七五で綴るお国自慢シャレ自慢

〈 甲信越・北陸 〉

新潟県

二度三度(佐渡)　涙で逆立ち　越後獅子

山梨県

山なし(山梨)で　海もないのに
貝(甲斐)の山

長野県

お国がら　品(しな)の(信濃)良いのと
仲の(長野)良さ

富山県

立山や　粋な黒塀(黒部)の　ダムもある

石川県

かが(加賀)やいて　生きて行くのと(能登)
胸をはる

福井県

ふくい(福井)くと　香る越前
若さ(若狭)あり

綴り方狂室・音楽狂室

愛知県編

・豊橋の町名入りバス旅行
・豊橋市の「なぜか?」
・東三河の「なぜか?」①
・東三河の「なぜか?」②
・愛知県の「なぜか?」
・東三河道路変歌(おたまじゃくしは蛙の子)

豊橋の町名入りバス旅行

今日は、大勢東田《あずまだ》（集まった）ねえ。岩田球場あとにしてバスはこれから西幸《にしみゆき》（西に行き）、目的地の豊栄《ほうえい》（方へ）向《むかい》（向い）山《やま》。

走るは東名ハイ植田（ウェイだ）。皆さん仲ノ（仲）よく名古屋か（和やか）に行って萱《かえ》（帰）って来る野田（のだ）町。

牛川の渡し（私）は、曲尺手《かねんて》（かねて）より、大井（大い）に多米西（楽しみ）にしてました。皆さんきれいな福岡（服）着て北（来た）山だけど、僕はいつもの札木《ふだぎ》（普段着）です。

運転手さんよろしくね。大池（ああ行け）小池（こう行け）とは言いません。老津（追いつ）老松（追います）無しにして、大崎（お先）にどうぞで飯《い》（いい）村《むれ》町。あまり橋良《はしら》（走ら）したら松井（まずい）町。それが皆んなの多米（ため）だから、安全運転で伊古《いこ》（行こう）部《べ》町。

旅は前田（まだ）まだ続くけど、あまり長瀬（長い）はあきられる羽根井《はねい》（わねぇ）。これでお神明《しんめい》（しめい）西郷（最後）町。お後の人と瓦（代わら）にゃいかん。

豊橋市の「なぜか？」

・姫街道は嵩山で豊橋市とお別れである。　**なぜか？**
じゃーな（蛇穴）と別れた。

・昔から馬は豊川を渡らなかった。　**なぜか？**
渡ったのは牛か？（牛川）の渡しだった。

・火打坂の燈籠の火は消えない工夫がしてあった。　**なぜか？**
蓋が（二川）してあった。

・昔、豊橋駅の東口と西口を結ぶ地下道があった。　**なぜか？**
それが一番近道（地下道）だった。

・路面電車の料金はこれ以上安くはならない。　**なぜか？**
安くしない（市内）電車だから。

・豊橋駅から港に行くには歩いては無理だ。　**なぜか？**
豊橋の端っこ（豊橋港）だもんね。

・資源化センターの場所はわかりやすいよ。　**なぜか？**
技科大の方へ（豊栄町）行けばすぐだよ。

・のんほいパークは人気上昇中である。　**なぜか？**
近くの人は、「ここは大岩　来る人も多いわ」と言っている。

・山の上からいつも市内を見守っているよ。　**どこで？だれが？**
あれは岩屋かのん？（岩屋観音）。

・火葬場にお世話になる人は急ぐことはない。　**なぜか？**
飯村の方だでボチボチ（墓地墓地）行こう。

東三河の「なぜか？」①

・菜めし田楽は体にいいらしい。　**なぜか？**
お店でそういう話を聞くそう（きく宗）です。

・大正軒に泥棒が入ったが、犯人はすぐわかった。　**なぜか？**
犯人を見たらし（みたらし）いダンゴが。

・ヤマサでは、竹輪より蒲鉾の方が作りやすいと言う。　**なぜか？**
蒲鉾の作り方が、板についているらしい。

・まんじゅうのあんこは、中か外かと聞いたらおこられた。　**なぜか？**
大まんじゅうは昔から植田（上だ）と言われた。

・普門寺へ泥棒が入ったが、犯人はすぐつかまった。　**なぜか？**
ぶつぞう（仏像）と言ったら、どうぞ（銅像）許してとあやまった。

・豊川稲荷と砥鹿神社が言い合いをした。神社が優勢だった。　**なぜか？**
とが（砥鹿）められたら、言いなり（稲荷）だった。

・新城から奥の人は、電車の本数を増やせと言いにくい。　**なぜか？**
乗る人が少ないので、増やして欲しいと言い出せん（飯田線）。

・東名を西へ行き、どこから国1へ出るかでもめた。　**なぜか？**
おっ父ーは（音羽）インター、おっ母先（岡崎）までだと言う。

・新東名はスピード違反が心配だが、大丈夫だと言う。　**なぜか？**
うちの市内だけは、安心しろ（新城）と言っていた。

・湖西へぬける道路の左右に、大量のゴミが捨ててある。　**なぜか？**
530（ごみゼロ）をやりとげ（峠）たいが、ダメ（多米）らしい。

東三河の「なぜか?」②

・吉田城の復元は、無理かナー。　**なぜか?**
勝手にしろ(城)と言われてもナー。

・吉田城の武士は、めぐまれていたみたい。　**なぜか?**
櫓の名前が苦労がねえ(鉄(くろがね))だもん。

・市内電車の終点は、赤岩口である。　**なぜか?**
線路がないので、どんどん行ったらダメ(多米)。

・豊橋市と湖西市の合併は難しいみたいよ。　**なぜか?**
交際(湖西)するのは、あらイ(新居)ヤヨ。

・普門寺へ泥棒が入ったが、許してやった。　**なぜか?**
罪は不問じ(普門寺)ゃ、ほっとけ(仏)と言うことにした。

・豊橋の人は、もっと真ン中へ出よう。　**なぜか?**
よく豊橋っ子(端っこ)と言われてるよ。

・尾瀬より葦毛の方が、大きいと言ってしまった。　**なぜか?**
失言(湿原)であった。

・伊良湖岬へ流れつくゴミで困っている。　**なぜか?**
歓迎されるのは椰子のみ(椰子の実)である。

・三河の人は熱く燃えている。　**なぜか?**
住んでいるのが炎の国(ほの国)だから!

・作手から岡崎へ出る道は、要注意!　**なぜか?**
昼間でも、暗がり警告(くらがり渓谷)がある。

愛知県の「なぜか？」

・名古屋城の木造化で、市民が悩んでいる。　**なぜか？**
木にする費用を、気にしている。

・瀬戸市で茶碗を盗むと、即決裁判を行う。　**なぜか？**
窃盗（瀬戸）犯で間違いない。

・眼下を流れる川が、犬山城を守っている。　**なぜか？**
基礎が（木曽川）しっかりしている。

・尾張一宮市の自慢は、青空である。　**なぜか？**
昔から晴れた空は真澄だ（真清田）と、神社が言っている。

・電車の中で、目のやり場に困った。　**なぜか？**
中央線（チューをせん）なのにチューをしていた。

・春日井市には、子供を大事にしている。　**なぜか？**
子は夫婦の鎹（春日井）だから。

・昭和34年に名前を豊田市に変えた。　**なぜか？**
衣（挙母（ころも））替えをしたのである。

・蒲郡の競艇場は、お金がなくても大丈夫。　**なぜか？**
一日中ボートしていても、怒られない。

・豊川市にある宮路山は、高齢者向きの山である。　**なぜか？**
登っているのは皆爺さん（宮路山）か 婆さんである。

・豊橋の路面電車は、幸せものである。　**なぜか？**
市民は尊敬して、御電車（おでん車）と呼んでいる。

東三河道路変歌（おたまじゃくしは蛙の子）

・県道4号の湖西側　不法投棄で困ってる
　それが何より証拠には　ゴミをいっぱい溜め（多米）峠。

・田原へ行く道259（地獄）線　交通事故には気をつけて
　それが何より証拠には　追いつ（老津）追われつ事故のもと。

・国道301号線　スピード違反に　気をつけて
　それが何より証拠には　パトカーすぐに追いつくで（作手（つくで））。

・国道151号線　北へ北へと延びている
　それが何より証拠には　本当に遠え（東栄）よ　遠いよね（豊根）。

・国道257号線　中央道への近道だ
　それが何より証拠には　北へ走ったら（設楽（したら））　ええな（恵那）んです。

・国道362号線　昔は山賊出たみたい
　それが何より証拠には　キャー助け（嵩山（すせ））てと　悲鳴（姫）街道。

・国道23号線　競艇寄らずにまっすぐだ
　それが何より証拠には　西を（西尾）めざして直行だ（幸田）。

・国道42号線　鳥羽への道が見え（三重）ません
　それが何より証拠には　伊良湖灯台もと暗し。

日本全国

五七五で綴るお国自慢シャレ自慢

〈 東海・山陰 〉

静岡県

いず（伊豆）こでも　遠見（遠江）に見える
茶の駿河

（遠江：とおとうみ）

岐阜県

迂回（鵜飼）して　ギュー（岐阜）っと一杯
飲んでって

愛知県

終わり（尾張）まで　愛し（愛知）てあげます
おみゃあさん

三重県

買やしま（志摩）せん　真珠に未練が
見え（三重）隠れ

鳥取県

白うさぎ　駆けっこ放棄（伯耆）で
イナバ（因幡）ウアー

（伯耆：ほうき）

島根県

いらっしゃい　いつも（出雲）歓迎
して待つえ（松江）

綴り方狂室・音楽狂室

静岡県遠江編

・私の初恋物語〈浜松市〉
・浜松版　おたまじゃくしは蛙の子
・昔々あるところで（浜松市天竜区水窪町）
・恋の掛川町巡り
・局名入りハイキング
・遠州道路変歌（おたまじゃくしは蛙の子）

私の初恋物語〈浜松市〉

初めて会ったは中田島。旭に輝く砂山に君の姿を見た常磐、白鳥みたいに松城だった。人見ぼれしたこの僕の、燃える想いは鍛治町で胸ド木戸キと高町で、伝馬で昇る気持ちして、かなり頭に北田町。白羽をたてたは飯田町。彼女は領家のお嬢さん、僕はなりたて大工町。文丘こうか出かけるか、何だ神田と考えて、紺屋も安間り眠られず、気がつきゃすでに浅田町。幸い二度目に相生町、志都呂もどろで有玉だけど、押しで池町ダメならば、手を曳馬町と覚悟して押せ大瀬でプロポーズ。だけどやっぱり平田（なめだ）った。名残惜しいが庄内町、あきらめましょう伊佐地よく。涙がで早出鹿谷（そうでしかたに）ないが、山手は忘れる湖東でしょう。和田しの初生（はつおい）尾張町。

浜松版　おたまじゃくしは蛙の子

- 春と秋とのお彼岸は　鴨江観音大変だ
  それが何より証拠には　お構い（鴨江）できんがええかのん（観音）？

- 浜松市との合併を　鷲津、新居はいたしません
  それが何より証拠には　何か協定（競艇）があるのかな？

- 浜松市民は苦労人　酸いも甘いも知っている
  それが何より証拠には　塩町も佐藤（砂糖）町もあるんだもん。

- 浜松市内に住むのなら　南も良いけど北も良い
  それが何より証拠には　住めば都だ（都田）と言ってます。

- 高丘・西山・泉町　おみくじ引いても安心だ
  それが何より証拠には　近くにあるのは基地（吉）だから。

- 中沢町の人たちは　高台近くに住んでいる
  それが何より証拠には　ボチボチ（墓地墓地）行けば最上段（斎場だ）。

- 鴨江の西に住む人は　NTT株売りません
  それが何より証拠には　値上がり待つ（根上がり松）と言ってます。

- 浜松城の壁の色　近くの町見りゃすぐわかる
  それが何より証拠には　隣の町が真っ白（松城）だ。

- 中田島で釣りしても　鯛やヒラメはかからない
  それが何より証拠には　糸にかかるは蛸（凧）ばかり。

- 高塚・増楽・若林　合併してから禿げてきた
  それが何より証拠には　あれから可美（髪）が無くなった。

昔々あるところで　浜松市天竜区水窪町

彼女のことを言いますと、山王峡（農協）の事務員で、向市場（村一番）のお長尾（女子）です。奥領家（良家）の娘さん。声を聞いたら上鶯巣（うぐいす）、趣味は茶道と門谷（華道だに）。

実家のことを言いますと、蔵がた地双（建ちそう）な金持ちで、草木もなびく威勢良さ。僕の財産大久名（多くな）い。河内浦（こっち売れ）ない旅芸人。手の届かない高根（高嶺）城。嫁にしたいが本町（間違）がい。門桁違いの差があって、問題ばかりが山住（山積み）神社。嫁に来いとは飯田線（言い出せん）。

戸中山（途中残）念振られたが、そんなことをも有本と、こうなったら７年目、自ら（水から）勇気を湧き出させ、押しの一手で強引に池（行け）ノ平と命がけ。途中島（チュウしま）しょうと近づいて、足神からめて上村へ。着物脱がして布滝（布だけ）に。いつしか理性も青崩（大崩れ）。大里（大事）な一線越えちゃった。地頭方（児童がた）くさんできそうだ。

これを知られて塩沢（大騒）ぎ。どうしてくれると小畑（伯母さ）んに、言われて私も大野（おの）のいた。白倉（白黒）つけろと言われても、訳も竜（理由）戸もあるじゃなし、扇川（大きな顔）もできなくて、小和田（こんな）ことに相なって大原（お腹）立ちはごもっとも、大嵐（恐れ）いりますと謝った。

こうなったら仕方がない。新道（新郎）新婦の式を挙げ、お前を我が家の向島（婿にしま）す。兵越（拍子）抜けだよ許されて。西浦（うれ）しやと喜んだ。

恋の掛川町巡り

初めて青田（会った）は図書館で、え久保（えくぼ）のかわいい美人ヶ谷（びじん）で、和田し（私）はたちまち目が倉真（くらみ）、カーッと頭に北門（来たもん）だ。

早速言葉を掛川で、家代はどこかと尋ねたら、緑が丘の丘の上、金城みたいな上屋敷。なかなか領家（良家）のお嬢さん。どおりで品良く高御所（こうごうしい）。

紺屋（今夜）は月が青葉台、遠回りして帰ろうと手を鳥居町でランデブー。押しで遊家行け中央（チューを）して、黒俣居尻孕石。大手（会って）すぐではと新町（心配）したが、次の日彼女の家に行き、僕の妻仁藤（にと）話をしたら、親父がなかなか牛頭っぱり（ごうじょっぱり）で、十王（銃を）片手に追っかけられた。

これは下俣（しまった）と六軒ばかり富部（飛んで）帰って、おじさんに道神町（どうしましょう）とたのんだら、満水（たんまり）油をしぼられた。

亀の甲より年の功、成滝（なるだけ）話を穏便に済ませてくれたあの日から、早くも２年が杉谷（過ぎや）した。

これでお話　お神明町。

局名入りハイキング

今日は楽しいハイキング。ここらあたりは山梨で、磐田・島田や都田のあぜ道通ってその次は、掛川・菊川渡りきり、入野・市野を横切って吉野に入出篠原とおり、そのまた都筑は三方原。村櫛町越えどんどん行こう。平野を過ぎて静岡のぼり、大阪・舞阪登り切りゃ、小松の続く大浜の積志を洗う新居波。増楽ご覧よ竜洋が相良さながら絵のようで、はるかに見える貨物船。沖の湖東に向かうのか袋井煙を吐きながら進む景色が美しい。

これから先は険しい道だ。細江だ拾って杖にして、足元の土堀江ぐり、ああ踏み宇布見一歩ずつやっと開ける中野町。森と泉に囲まれてその名もズバリ森町さ。町のお宮の宮口で、お昼を食べよう名古屋かに。

貧乏自慢の僕だから、沼津食わずでいたっても二日や三ヶ日平気だけれど、さすがに今日はくたびれて袖浦までもびっしょりと福田る汗で濡れている。横須賀立てすかこの体、こいつぁ本当に中瀬るぜ。

遠州道路変歌（おたまじゃくしは蛙の子）

・国道１号下り線　やさしい運転忘れてる
それが何より証拠には　そんなの知らすか（白須賀）荒い（新居）町。

・国道１号下り線　スピード違反が多いがや（大井川）
それが何より証拠には　シマッタ（島田）じゃ遅いよ　大丈夫かなや（金谷）。

・362号の姫街道　心細い（細江）よ山の中
それが何より証拠には　気が（氣賀）気でないよ狭い道。

・362号の秋葉路は　春の（春野）桜は森の奥
それが何より証拠には　その美しさ桁（気多）違い。

・県道45号線　オーバーヒートに気をつけろ
それが何より証拠には　火災（笠井）街道　火事魔（鹿島）まで。

・国道152号線　県境近くで行き止まり
それが何より証拠には　回り道すりゃいいんだ（飯田）よ。

・国道473号線　途中でお茶でも買おうかな
それが何より証拠には　何もせんず（千頭）じゃ買わねえ（川根）よ。

日本全国

五七五で綴るお国自慢シャレ自慢

〈近畿〉

滋賀県

お見(近江)通し　しが(滋賀)ない恋じゃ　ない浅井(あざい)

京都県

寺ばかり　参った参った　今日(京)だけで

大阪県

オーそうか(大阪)　何は(浪速)なくても　通天閣

兵庫県

ありま(有馬)すよ　頭(こうべ)(神戸)上げれば　六甲山

奈良県

来たなら(奈良)ば　今日も明日(あした)(飛鳥)も　見ておゆき

和歌山県

我が山(和歌山)の　みかん食うかい(空海)　紀伊國屋

綴り方狂室・音楽狂室

静岡県駿河・伊豆編

・恋の静岡町巡り（成功編）
・恋の静岡町巡り（失敗編）
・静岡版 おたまじゃくしは蛙の子
・静岡県の「なぜか?」
・静岡県　市町めぐり
・駿州道路変歌（おたまじゃくしは蛙の子）
・豆州道路変歌（おたまじゃくしは蛙の子）

恋の静岡町巡り 成功編

初めて会ったは、相生町。静岡な東草深い古庄(ふるしょう)な老舗の人宿(ひとやど)だった。彼女の家柄城東(じょうとう)町、黒金(くろがね)町のお嬢さん。僕はしがない大工町。おまけについてる馬場町が。これは困った駒形通り。追手(おうて)高松恋ごころ。

田町は伝馬でまっすぐに。カーブもついつい曲金(まがりかね)、ダメなら安倍川に水落(みずおち)で、慈悲尾(しいのお)かなんて考えた。なんとか瀬名けりゃ池ヶ谷町。絶対女房に駿河町と神社の前で浅間(せんげん)町。あの手この手を用宗(もちむね)で、は丸子(まりこ)んだよ恋の路。気がつきゃ登呂(とろ)ろける中田った。

始め良ければ中吉田。みんなに大岩いしてもらい、目出た日出(ひので)たの若松町。末広がりの呉服町。

てな夢を紺屋は見たい。安間(あんま)り長沼あきられる。そろそろ終わりの小鹿(おじか)んです。それでは、これでお神明(しんめい)町。

恋の静岡町巡り 失敗編

初めて会ったは、草深い、七間ほどの幅のある静岡なお堀のそばでした。私の理想とする人に駿府んたがわぬ城東（じょうとう）な、材木問屋のお嬢さん。今や日出（ひので）の勢いで、黒金（くろがね）のが玉にきず。こちらは大工見習いで、お屋形宅で居候。春日な願いも片羽町。昭和言っても忘られず駒形ことになりました。

今日は彼女の誕生日。運勢見たらこの日吉。紺屋を追手（おうて）チャンスなし。大岩い持って長谷（はせ）参じ、彼女にデートの申込み。念願叶って安倍っくで、仲良く映画を御幸町（みゆきちょう）。二人で座った城内（じょうない）で、はじめて手と手が相生町。ハートの音羽　鷹匠（たかじょう）町。夢は未来へ末広町、伝馬で登る呉服町。

ぐっと彼女を抱き寄せりゃ、とたんに強烈肘鉄が水落町（みずおちちょう）を横内町。「しまった」と思った常磐（ときわ）もう遅く、な栄（さかえ）なくも我が恋は、おそまつながら競輪がつき、小鹿（おじか）ん来たのでお神明（しんめい）です。

静岡版 おたまじゃくしは蛙の子

・アベノミクスを静岡は　ずっと昔にやってます
それが何より証拠には　安倍郡のミックスで大合併。

・静岡市だけど山間部　広くて管理が大変だ
それが何より証拠には　青息（葵区）吐息（遠い区）と言ってます。

・安倍川渡った北の方　文句を言う人住めません
それが何より証拠には　四の（慈悲尾（しいのお））五の言えば焼かれちゃう。

・駅の近くに住む人は　どこへ行くにも便利です
それが何より証拠には　駅まで出るのに苦労がねえ（黒金）。

・駅の南は事故多し　右折、左折は要注意
それが何より証拠には　スピード出しすぎ曲がりかね（曲金）。

・小鹿へ行っても儲からない　最近やっとわかったぞ
それが何より証拠には　競輪場はスル（駿）河区だ。

・松にかけたる羽衣は　在庫が沢山あったとか
それが何より証拠には　あれは見本（三保）のひとつです。

・清水一家の親分は　褌締めていなかった
それが何より証拠には　俺は清水（シミーズ）の次郎（ズロース）長だ。

静岡県の「なぜか？」

・駿府城の復元は大変だった。　**なぜか？**
昔のものと寸分（駿府）違えぬようにしろ（城）と言われた。

・イチゴ農家が「リピーター大歓迎」と言っている。　**なぜか？**
一期（イチゴ）一会（一回）では儲からず苦悩（久能）している。

・露店も出ていたが、儲からないと苦情があった。　**なぜか？**
サクラを使ったが、買わずサクラ（河津桜）だった。

・伊豆市のある温泉は、同じ病気の人が多いらしい。　**なぜか？**
修繕痔（修善寺）の人たちらしい。

・伊豆のわさびは、安曇野のより辛くないらしい。　**なぜか？**
甘味（天城）が多いらしい。

・養鰻場のあとが、ソーラー発電になっている。　**なぜか？**
うなぎが不足しており（電気）うなぎに変わったらしい。

・昔、今切を渡る船頭に、舞阪の人はいなかった。　**なぜか？**
船頭はみんな新居の渡し（私）と言っている。

・井伊家の系図に、直虎の名がない。　**なぜか？**
名を取ら（直虎）れてもおんな（女）じ城主である。

静岡県　市町巡り

は焼津間（早い時間）に起きました。天気は快晴吉田町。湖西市（交際し）始めたばっかりの伊東市い（愛しい）彼女とハイキング。二人で大いに楽し三島す。

磐田の蛙道通り抜け、下田の向こう牧之原　菊川・掛川渡りきり、富士の裾野の小山まで。

春とはいえど島田まだ寒い、手袋井はめて熱海（暖め）た。拾った藤枝を杖にして、僕はゆっくり行くけれど、御前崎（お前先）にと言ったらば、松崎（真っ先）たって駆け出した。御殿場（お転婆）だったみたいだね。途中彼女を見失い、伊豆こ（何処）に居るかと探したが、西伊豆（西に居ず）・東伊豆・南伊豆。どこにも伊豆の国だった。見つかったのは北だった。

函南（かなり）険しい山道だ。大きな浜松生い茂る森の奥には富士宮。静岡に（静かに）耳を傾けりゃ、河津（蛙）の声が聞こえるよ。水も沼津（飲まず）じゃ体に悪い。お茶は川根（買わねえ）本町で、清水湧き出る長泉で、喉を潤すことにした。

帰りの道は遠江、伊豆れ退屈駿河おち。狂室これで終わります。

駿州道路変歌（おたまじゃくしは蛙の子）

・県道29号線　君の運転じゃヤベーか（安倍川）な?
それが何より証拠には　無事に着けたらウメーかしら（梅ヶ島）?

・国道150号線　ゆっくり運転駿河湾
それが何より証拠には　急ぐならお前先（御前崎）に行け。

・国道52号線　どれが富士かは（富士川）わからない
それが何より証拠には　山梨（山無し）なのに山ばかり。

・国道1号西へ行きゃ　交通量が多いなー（大井川）
それが何より証拠には　シマッタ!（島田）事故じゃかなや（金谷）せん。

豆州道路変歌（おたまじゃくしは蛙の子）

・国道136号線　どうかしま（堂ヶ島）したかと遠い（土肥）道
それが何より証拠には　半島の真っ先（松崎）に来てしもた（下田）。

・国道414号　あまり（天城）スピード出さないで
それが何より証拠には　蟹蠒買わず（河津）に行きましょう。

・高速道路を二輪車で　裾を（裾野）みだして快走中
それが何より証拠には　止め（東名）てくれるな御転婆（御殿場）だ。

・国道135号線　義理もあるけど情が先（城ヶ崎）
それが何より証拠には　愛しい（伊東市）あの子に会いたいの。

日本全国

五七五で綴るお国自慢シャレ自慢

〈山陽・四国〉

岡山県

きびきび（吉備吉備）と　働きゃ　あとで
後楽園

広島県

ビンゴ（備後）だよ　春も良いけど
秋（安芸）も良い

山口県

萩も咲き　何と（長門）言っても
秋良しだい（秋吉台）

徳島県

損するな　合わ（阿波）せ踊れば
得しま（徳島）す

香川県

うどんなら　タヌキかなわ（香川）ぬ
讃岐だよ

高知県

言ったとさ（土佐）　鰹を食べに
こっち（高知）来い

愛媛県

楽しいよ（伊予）　坊ちゃん電車で
どこ（道後）までも

綴り方狂室・音楽狂室

番外編

・お洒落会話集
・魚魚魚の恋物語
・名古屋から博多まで「のぞみ」に乗って
・ストトン節　東海道　浜松から東京まで
・鈴鹿学園悲話
・校正担当頑張ろう!!
・ハゲ増しのことば
・○○と思ったら
・シルバー川柳
・三島宿地口行灯
・え〜っと干支（十二支）占い

お洒落会話集

【 最近の会話 】

ワクチン、本当に効くのかねー

バクチンって言ってる人あるよ

【 近所の会話 】

あいつ財布なくしてお寺へ拝みに行ったんだって?

「参った参った」と言ってたよ

【 病院での会話 】

心配ばかりしていたら身がもたんぞ

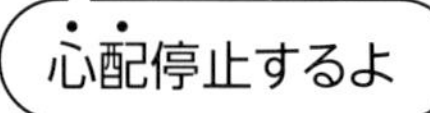

【 お店での会話 】

縁起かついで、カツ丼にするか

ごはん大盛り、おマケしておきます!

……

お洒落会話集

【 夫婦の会話① 】

子はかすがいって言うじゃない

カスが良いわけないよ

【 夫婦の会話② 】

おっぱい小さくて、悪かったわね

父親が早死にで、俺はちちに縁がないんだなー

【 夫婦の会話③ 】

神も仏もないもんだなー

髪もほっとく毛もないもんねー

【 夫婦の会話④ 】

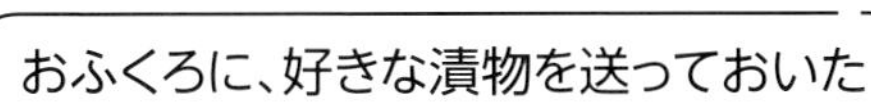

おふくろに、好きな漬物を送っておいた

それは親こうこうだわ

【 老夫婦の会話 】

孫に癒やされるのよ

孫にイヤイヤされたよ

お洒落会話集

【 息子と娘の会話 】

父ちゃんと母ちゃんの会社、うまくいってんの?

借金がかーさんで、とうさんした!

【 近所の会話 】

デパートの宝くじ売り場で、一等が出たらしい。
かつてないことで大騒ぎだ。

俺も買ってないよ。

【 政治の話① 】

自助・共助・公助って何のこと?

自民・共産・公明の連立政権じゃないの?

【 政治の話② 】

そういえば自公政権も長いね。

そろそろ時効じゃないか?

お洒落会話集

【 三河弁の会話 】

ゼロ金利って岡信じゃないか!?

岡信=岡崎信用金庫
蒲信=蒲郡信用金庫

今はじっと蒲信とな。

【 静岡での会話 】

リニアはどうなるの?

宙に浮いたままらしい。

【 名古屋市長との会話 】

金メダルにガブリ寄りですか?

石じゃなくて、金にかじりついても頑張ります。

【 大阪市長との会話 】

大阪都構想はどうなりました?

やることはやったが、し(市)残してしまった。

魚魚魚（ぎょぎょぎょ）の恋物語

　鰹（かつお）君と鮎（あゆ）ちゃんが、鰰（はたはた） 困った鯉（こい）をした。鰊（にしん）だけは鮭鯛（さけたい）と思っていたが、「鯒鯉鱚鮨鯛（こちこいきすすしたい）」と魴鮄（ほうぼう） 鰆（さわら） 鱈鰒鰊（たらふぐにしん）してしまった。鱸鱸（すずきすずき）と鯉（こい）鱒（ます）ばかりで二人は鮹（たこ）くへ駆け落ちした。

　鮎（あゆ）ちゃんの元鰈（かれい）は鮫鮫（さめさめ）と泣き、やけ鮭（さけ）・鱶鮭（ふかさけ）を飲んで「ま鰺（あじ）かよ! 一言鰯（いわし）て欲しい」と鯥（むつ）としながら、鰤鰤（ぶりぶり）怒った。鰌（どじょう）する人もいたけれど、鰹（かつお）君と鮎（あゆ）ちゃんの両親は「鯛（たい）したことはない。鰆（さわら）ぬ神に祟りなし、ほっとけ𩸽（ほっけ）とけ」と鯖鯖（さばさば）したもんで「文句を言いに来るなら鮭鮫鱈鯉（さけさめたらこい）」と鮸（にべ）もない。

　あれから鮠（はや）くも幾年月。風の鱵（さより）に聞くとこじゃ鯰（なまず）食わずの日もあった。鮒（ふな）れな仕事も頑張った。鰻（うなぎ）の寝床の暮らしから鮪（まぐろ）になるまで働いて、鰓（えら）いぞ 鮗（このしろ） 建てました。親子三人鱏（えい）暮らし、ここに鯱（しゃち）あり目出鯛（たい）よ。

（魚（うお）偏を集めたが、鮃（ひらめ）いたのはこのくらい）

※一部作者不詳の資料からヒントを得ています。

名古屋から博多まで「のぞみ」に乗って

早いということは便利のような不便のような「便」の話なんですが…、名古屋から「のぞみ」に乗りましてね、大阪まで行くつもりでした。

走り出してすぐトイレに行きたくなりましてね、それも大きい方でウンチン払って乗ったんですがね。用を終わってお尻を拭こうとしたら、不幸（拭こう）にも紙がないんですよ。目の前真っ暗で「ひかり」どころか「のぞみ」を失いましたよ。どっかに紙がないかと上下左右・前後ろキョトキョトしていると、もう京都・京都言っているんですわ。早いですねー！ 慌てましてね。もちろん、上着からズボンのポケットなど探しに探して、もう大探し（大阪市）ですよ。降りるに降りられずそのまま西に向かいましてね。紙を探すのもくたびれ果てたら、もう疲労しまし（広島市）ですわ。ドアをちょっと開けて見たら、待っている人が若い美人でしてね。ティッシュペーパーを借りようかどうしようかともじもじしてたら、門司は通らないんです。なんて不幸か、何で拭こうかと悩んでいたら本当に拭こうか（福岡）県ですよ。

やっと通りかかった車掌さんに紙をもらってトイレを出たんですが、紙の無かったのはJRに図られたんじゃないかと思ったとたん、図った博多と言ってました。ウンが良かったのか悪かったのか、流してしまってよく調べてないんですが「真実は紙（神）のみぞ知る」ですわ。

※一部豊橋落語天狗連「白身家南京」さんの落語からヒントをいただきました。

ストトン節　東海道　浜松から東京まで

1. ここは繁華な浜松市　浜松芸者衆に文もろうて
   文の長いのが天竜川　中中読めない中泉　　ストトンストトン

---

2. 見付られたか　ふた親に　袋井に入れられ掛川へ
   私の想いは堀之内　日坂越えて夜泣き石　　ストトンストトン

---

3. 夜泣き石へと願かけて　私の願いが金谷なら
   島田くずして丸髷に　主に藤枝させやせぬ　　ストトンストトン

---

4. 焼津こがれつ　はにかみつ　スイートホームは用宗の
   甘い安倍川　静岡で　草薙ような　主の胸　　ストトンストトン

---

5. 江尻もじりと　寄りそって　清水ぬぐ身の恥ずかしさ
   乱れ袖師の長襦袢　興津眠りつ　又覚めつ　　ストトンストトン

---

6. 寝物語りは由比ヶ浜　身も蒲原も打ちとけて
   堅い契りは岩淵の　富士の白雪溶ける仲　　ストトンストトン

浜松　天竜川　豊田町　磐田　御厨　袋井　愛野　掛川　菊川　金谷　島田　六合　藤枝　西焼津　焼津　用宗　安倍川　静岡　東静岡　草薙　清水　興津　由比　蒲原　新蒲原　富士川　富士

7. 清水港を右に見て　松に三保れて　興津　由比
あれが富士川と見上げれば　眺め吉原　田子の浦　　ストトンストトン

---

8. 原がすいたと思ったら　沼津食わずで　三島まで
冷えた体を　熱海て　今夜はぐっすり箱根ます　　ストトンストトン

---

9. 箱根峠を越えまして　強羅あたりで一休み
昔ゃ天下の難所です　提灯ぶら下げ小田原へ　　ストトンストトン

---

10. 蒲鉾肴に　酒匂飲み　竹輪の友と語り合い
小田原出でて相模灘　東に向けて大磯ぎ　　ストトンストトン

---

11. 平塚・戸塚の塚の間の　大船行き交う　横浜港
川崎ぁ　すぐに品川で　もうすぐ旅も隅田川　　ストトンストトン

---

12. 江戸に着いたよ日本橋　日本晴れかと尋ねたら
高速道路にふさがれて　私ゃ空など見たことない　　ストトンストトン

※1～6＝浜松芸者さんから　7～12＝小久保綴り方狂室

原　片浜　沼津　三島　函南　熱海　湯河原　真鶴　根府川　早川　小田原　鴨宮　甲府津　二宮　大磯　平塚　茅ヶ崎　辻堂　藤沢　大船　戸塚　横浜　川崎　品川　新橋　東京

鈴鹿学園悲話

幸か福岡（不幸か）学園へ。先輩・友達みんなから岩手（祝って）もらって入学し、我等和歌山（若いや）将来有望？ 桜のは長崎（花が咲き）みだれ、制福井（服い）っぱい沖縄（大きな）希望。大阪（オー！ 盛）んに宮城（みなぎ）るこのファイト。

入学したのはいいけれど、多い科目に驚いて、放鹿児島（課後しま）した勉強を。トイレにい熊本（行く間もと）ガリ勉したり、テストテストの明け暮れに、0点鳥取（取ったり）したならば、元局復帰新潟（にガタ）ガタ震え広島（疲労しま）した、あの頃は。

だけど、日が経ち時が過ぎ、積んだ教科書山梨（山なし）て、三重（見え）ないうちに佐賀（差が）つけられて、テストか？ 北海道（ほうかい、どう）にかなるものさ。みんな俺らに任せとけ…てなホラを福島（吹くしま）つ。

自分の石川（意志か）周囲のせいか、高知（コーチ）を受けたその腕でカンニングしよう岡山（おか？ ヤマ）かけようか、隣の席を京都東京都（キョートキョート）したよ。読めと言われた埼玉（際たま）に、大声出せば違うとこ。大分（おいた）わしいよ我がた千葉（立場）。授業中には静岡（静か）にしてて、体操などでは茨城（威張る）県。

寮生活をながめれば、山口（間口）入った本館は、デンと立派な建物だけど、な香川（中側）入ってながめると、ハトが一緒に寝ている始末。

昼の食事は宮崎（みな先）を争いあって行列で、山形盛ったその長野（中の）、青森（大盛り）狙うもの凄さ。食堂のおじさんゴマかして徳島（得しま）したとは滋賀ないぜ。始めは食券もらってまでも、人の群馬（分ま）で食べたりしたが、食堂の飯にももう秋田（飽きた）。

鈴鹿山脈　雪化粧。鈴鹿の刑務所出たならば、結婚しよう栃木（と契）りを交わし、別れたあの娘が兵庫（ひょっこ）り浮かび、ドラ声だけどこ愛媛（声秘め）て愛知（愛し）ているよ富山（と山）に向かって呼びかける、そんな夢でも見てみたい。神奈川（金が）無いので食券売って、ホーライケンやホームランへ岐阜（寄付）したお金が五万円。

島根ースマネー勘弁してヨ。これでおしまいサヨー奈良！

校正担当頑張ろう!!

〈テルウェル電話帳事業部時代〉

やるぞ2001年も! 静岡(静か)に誓う私達。東部(飛ぶ)鳥落とす勢いで、校正担当突っ走れ! みんな仲よく名古屋(和や)かに、目標達成するまでは、中部(宙ぶ)らりんにならぬよう、バッチリ行こうよ尾張(終わり)まで。愛知恵(エー知恵)押し出せギュウ岐阜(ギュウ)と。いろんなことはあるだろうが、東濃(どうの)こうのと言うよりも、ああせい校正(こうせい)で押しまくれ。燃えろ全員飛騨(火ダ)ルマだ。力出し切れ、西部(セーブ)をするな。景気の行方は三重(見え)なくて、世間の風は冷た伊賀(いが)、エネル紀州(ギッシュ)に伊勢志摩(いたしま)しょう。

嵐吹かせろ吹く風は、北勢(北西)からか中南勢(中南西)か、目標達成した時は、三河(見交わ)す顔もハロー(晴れ)やかに、タウンと(たんと)飲もうよ祝い酒。

いざ行け電話帳広告! 広告(皇国)の興廃この一年にあり。

※当時の電話帳発行順になっています。

ハゲ増しのことば

〈テルウェル退社時〉

思い起こせば５年前、所は中区上前津、KDビルという所。NTTを退社して、お世話になったテルウェル。

毛植える（テルウェル）だけが頼りだと思い込んでいた時に、毛出（KD）るビルとは有り難い。生えてくる（ハイテク）企業じゃないかいな。

だけど半年経ったのに、そんな毛生え（気配）は何もなく、当初の毛持ち（気持ち）も薄くなり、どうしてなのかと思ったら、育毛（行くも）毛減り（帰り）も地下鉄の乗り降りする駅「髪生えず（上前津）」。時々乗るのがツル（鶴）舞線。これじゃダメだと諦めた。

みんなのハゲ増し（励まし）受けながら、おハゲ（お蔭）で今日まで来れました。

皆さんどうぞこれからも、仕事にハゲ（励）んでくださいね。私もこれから、これ以上ハゲんで（ハゲないで）欲しいと思ってます。薄毛（スゲー）感謝の気持ちです。

○○と思ったら

・左かと思ったら　右なのが　投手大谷
右かと思ったら　左なのが　打者大谷

・長いと思ったら　短いのが　股から下
短いと思ったら　長いのが　鼻の下

・有ると思ったら　無いのが　浮いた噂
無いと思ったら　有るのが　浮き沈み

・重いと思ったら　軽いのが　母の体重
軽いと思ったら　重いのが　妻の体重

・小さいと思ったら　大きくなったのが　うちの息子
大きいと思ったら　小さいのが　僕のせがれ

・上だと思ったら　下積みだったのが　私
下だと思ったら　上さんだったのが　女房

・表だけと思ったら　裏があったのが　森友学園
裏だと思ったら　表に出ちゃったのが　昭恵夫人

・無いと思ったら　有ったのが　改ざん文書
有ると思ったら　無いのが　反省

・白かと思ったら　黒だったのが財務省の　佐川さん
黒だと思ったら　監督が白と言えば白なのが　日大アメフット

・過去だと思ったら　未来なのが　先行き
未来だと思ったら　過去なのが　先程

シルバー川柳

高齢社会、高齢者の日々の生活等をテーマに公募している「シルバー川柳」の選定・掲載作品です。（みやぎシルバーネット+河出書房新社編集部）

百歳バンザイ編	腕を振るう　つもりだったが　手が震え
	シニアだが　まだまだ死にあ　しませんよ
大安吉日編	おつむより　おむつ使えと　言われてる
千客万来編	物知りで　何でも知る婆ーと　呼ばれてる
	耳にセミ　目はカスミ草　鼻水木
いつでも夢を編	こりゃイカンゾ　悪いところが　胃・肝臓
	お迎えが　来たよと優しく　看護師さん

三島宿地口行灯

年に一度、三島大通り商店街や三石神社で、公募選考された“地口”にイラストを添えた「地口行灯（じぐちあんどん）」が点灯される、三島の地域振興イベント。地口とは、有名な文句をもじって楽しむ言葉遊びです。川柳部門もあります。

	〈元句〉	〈パロディー〉
平成27年 **入選**	アベノミクス	安倍のみクスクス
平成28年 **大賞**(三島市長賞)	吉田松陰	養子だしよう言えん
平成29年 **佳作**	大阪冬の陣夏の陣	降ろそうか冬のジーンズ 夏のジーンズ
平成30年 **入選**	おんな城主直虎	あんな上司なっとらん!
平成31年 **入選**	伊豆の江川太郎左衛門	いつも笑顔絶やさんもん
令和 2年 **入選**	楽寿園	楽じゃ食えん
令和 2年 **佳作**	(川柳)プーチンに雪解け水を飲ませたい	

賞状

地口部門大賞
三島市長賞
豊橋市 小久保継様

あなたの作品は三島宿おもてなし事業第十六回「地口行灯」地口川柳大会において頭書の成績を収めましたのでこれを賞します

平成二十八年二月六日
三島市長 豊岡武士

日本全国

五七五で綴るお国自慢シャレ自慢

〈九州・沖縄〉

福岡県	道真（みちざね）は　幸か不幸か（福岡）　太宰府へ
佐賀県	吉野ヶ里　あなた探（佐賀）して　追跡（遺跡）中
長崎県	カステラは　雨（甘え）（あめ）の　長崎名物よ
熊本県	火の国は　人情厚いよ　遊（阿蘇）んでく?
大分県	オー痛（大分）い　月賦（別府）払って　おかゆ（湯）だけ
宮崎県	あの頃は　みな先（宮崎）争い　青島へ
鹿児島県	お墨（大隅）つき　さつま（薩摩）の甘み（奄美）　食べてみて
沖縄県	みんな（那覇）して　作ってみよう　大きな輪（沖縄）

ボクコクボの

え〜っと干支(十二支)占い

占い(売らない)! 買わない! 笑うだけ!

子(ね) 鼠(ねずみ)

- 子(こ)沢山(多産)が多い
- 警備員(特に夜間)が適職
  ←寝(子(ね))ずの番
- 猫にはみんなチュー意している
- 鼠捕りはけしからん
- お金を貯めることは得意←鼠算

丑(うし) 牛(うし)

- うしろ向きと言われるがモー大丈夫
- 通勤ラッシュには慣れている
  ←牛牛づめ
- よく噛んで健康に留意している
- 草食のため、肉食に弱い
- 雨降りの日より霜降りが良いとされる

寅(とら) 虎(とら)

- 人(性格)はいいがトラえどころがない
- 旅が好きでサクラ頼り(便り)であちこちへ
- 惚れっぽい性格で片思い(肩重い)が持病である
- 大酒飲みが多い←大トラ
- チャンスをじっと待っている
  ←虎視眈々

卯(う) 兎(うさぎ)

- 卵にはてん(点)で目がない
- 宇宙開発(月面着陸)に成功した先祖がいる
- 勝負ごとは最後まで気を抜かないこと←兎と亀
- 鵜と鷺が同居している
- 目が赤いため眼科に通っている

ボクコクボの

え〜っと干支（十二支）占い

占い（売らない）！ 買わない！ 笑うだけ！

辰（たつ） 竜（たつ）

- 空駆ける人と地を這う人に分かれる
- 若い時は良いが、晩年注意すること ←竜頭蛇尾
- 考え方が現実でなく空想だとよく言われる
- 雨乞いの時にお呼びがかかる
- 髭が濃いのは遺伝である

巳（み） 蛇（へび）

- 何事も己（おのれ）（自分）だけでは身（巳）につかない
- 巳のほど（身の程）を知っていて恥を知ると穴に入りたくなる
- 水中よりも水面泳法が得意
- 体格はライトからヘビーまである
- やりくり上手で足を出さない

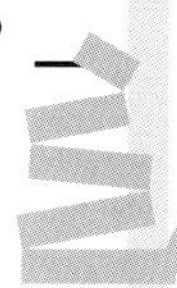

午（うま） 馬（うま）

- あまり頭を上げると午（うま）くなくなる ←牛
- 生まれつき丸顔は少ない←馬づら
- 競争は大好きである←競馬
- 鹿と仲良くしないように←馬＋鹿
- 宗教心は薄い←馬の耳に念仏

未（ひつじ） 羊（ひつじ）

- 着ているものは純毛が多い
- 不眠症の人から頼りにされ勘定に入っている
- 時々面妖な（綿羊）な行動をする
- モンゴル料理は嫌いである ←ジンギスカン鍋
- 乗り物の運賃はめいめい（メーメー）で払っている

ボクコクボの

え〜っと干支(十二支)占い

占い(売らない)! 買わない! 笑うだけ!

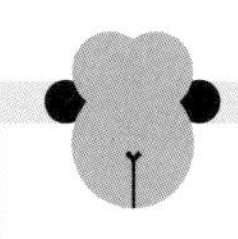

申(さる) 猿(さる)

・性格はあっさりしている
←去る(申)者は追わず

・失敗はつきものだと思うべし
←猿も木から落ちる/猿すべり

・知らないふりが得意
←見ざる言わざる聞かざる

・犬とは相性が良くない←犬猿の仲

・物真似・役者はやめておこう
←猿真似・猿芝居

酉(とり) 鶏(にわとり)

・警察官が適職
←とりしまる、とりおさえる

・酒は強い

酒

・きれい好きである
←立つ鳥跡を濁さず

・赤い帽子がよく似合う

・ケッコー早起きである

戌(いぬ) 犬(いぬ)

・散歩に行くとワンダフル
←犬も歩けば棒にあたる

・鼻はいいが、目・耳の病に注意

・上を見て尻尾を振りすぎると嫌われる

・お巡りさんが適職

・嫌いな人には吠えやすいのがキズ

亥(い) 猪(いのしし)

・性格は前向き前進あるのみ
←猪突猛進

核

・木(気)がつけばチームの核となる

・いの一番というが十二支では最後に間に合った

・夜行性だが夜遊びはほどほどに

・趣味は花札←猪鹿蝶

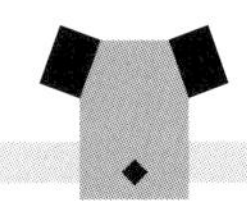

洒落にもならないページ

「ボクコクボ」をご存じの方は、寄り道して読んでいただけるとうれしいです。
ご存じない方は、とばしていただいて結構です。

あいつが名も無い「ボクコクボ」

○本籍は銀座六丁目だという。

兄は、聖路加病院で生まれ、住込みの婆やが居たという。

四年後弟（継）は、母の生家である、遠州は磐田郡

竜川村（現浜松市天竜区横山町）の貧しい農家で生まれたという。

四歳の時に父を亡くし、その後一家は離散したと伝えられ

江戸への思いをふりすてて、なぜ母子（おやこ）二人空っ風吹く

遠州路を流離（さすら）い続けたのかは誰も知らない。

○家なし渡世を運命（さだめ）ときめて、人目気にして生きる身に

頼れる物は唯一つ己れ殺した胸の短刀（どす）。

抜きたい時も二度あった。

○人の情に支えられ、顔で笑って心で泣いて

三河路彷徨（さまよ）う「ボクコクボ」。

名ナレーター　芥川隆行調で

あとがき

この欄を読んでくださっている方、お手に取っていただき、ありがとうございます。

「ごあいさつ」でも書きましたが、かなり前に作ったものもございます。長く続けてこられましたのも、妻と体操をされているお友達、高校の同級生、会社の同僚の忖度されたあたたかい励ましのお蔭であります。

この本を作ろうという気になりましたのも、そうした方におだてられ、トントンと豚が木に登ってしまったようなわけです。

発行にあたっては、「これから出版」の水谷眞理様にお世話になりました。ありがとうございました。

また娘ふたりには、編集デザインで全面的バックアップをしてもらい、感謝しています。

2021年秋

小久保 継

小久保 継（戸籍 繼）略歴

昭和15年	静岡県磐田郡竜川村（現浜松市天竜区）で生まれる
昭和22年	竜川村横山小学校入学
昭和28年	竜川村竜川中学校入学
昭和29年	水窪町（現浜松市天竜区）水窪中学校転校
昭和31年	浜松北高校入学
昭和34年	電電公社（現NTT）入社 （浜松・静岡・掛川・磐田・名古屋・豊橋・豊田等転勤13回）
平成8年	電気通信共済会（テルウェル）入社
平成13年	同退社（素老人となる）
平成18年	豊橋市民文化会館にて「洒落と風刺の作品展」開催
平成19年	喫茶店『萬木』にて「洒落と風刺のミニ作品展」開催
平成22年	かしわぐま光代事務所にて「洒落と風刺の作品展」開催

2006年
作品展の様子

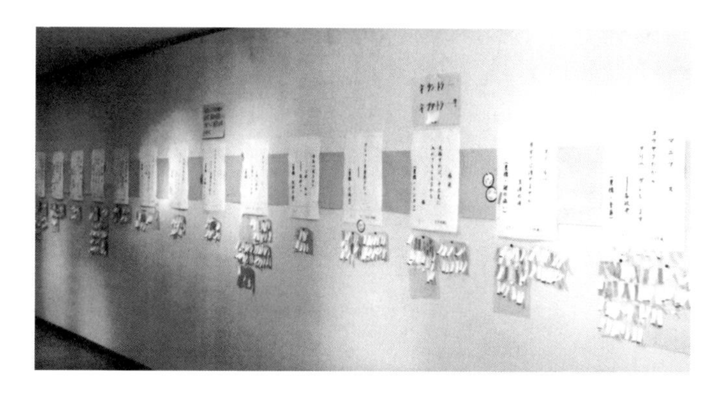

お洒落クイズ 3
豊橋から豊川までの電車は
かなりの本数があるが、
新城までは少ない。
新城の人の悩みは
おねがい
座ぶとん1枚！
の作品に
フセン紙を
ふんすい塔
国技館
両国って日本とモンゴルのこと？
──修学旅行生

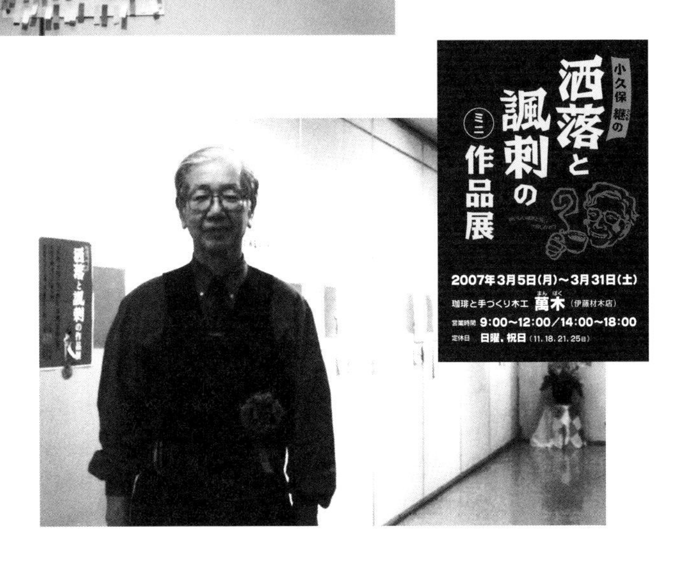
小久保継の
洒落と
諷刺の
ミニ
作品展
2007年3月5日(月)～3月31日(土)
珈琲と手づくり木工 萬木（伊藤材木店）
営業時間 9:00～12:00／14:00～18:00
定休日 日曜、祝日（11.18.21.25日）

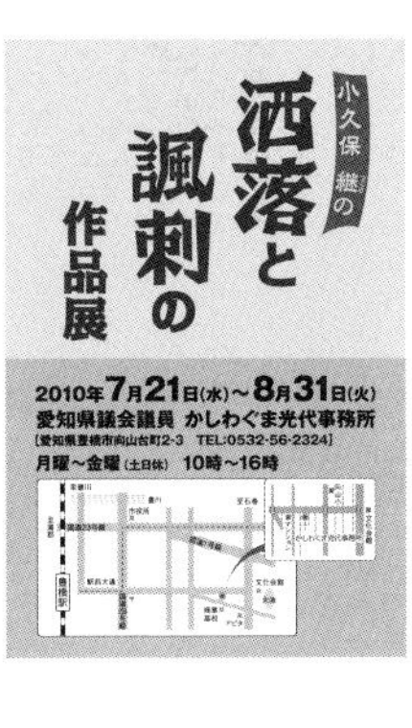
小久保継の
洒落と
諷刺の
作品展
2010年7月21日(水)～8月31日(火)
愛知県議会議員 かしわぐま光代事務所
[愛知県豊橋市向山台町2-3 TEL:0532-56-2324]
月曜～金曜（土日休） 10時～16時

小久保 継の **洒落と諷刺の世界**
嫌なこと ニヤッと笑って吹き飛ばそう

2021年10月31日　発行・印刷

著　者	小久保 継
発行者	水谷 眞理
発行所	これから出版 〒441-8052 愛知県豊橋市柱三番町79 電話：0532-47-0509 Mail: korekara09@tees.jp
表紙絵	若菜
編集・装幀	小久保 春菜
印刷・製本	(有)恒春社印刷所

ISBN 978-4-903988-12-2 C0076